JN412312

본문과 설교

설교자를 위한 성경 연구

창간호

한국동남성경연구원

개혁주의신행협회

차 례

5 권두언 / 황창기

구약편

9 다윗과 미갈의 다툼(삼하 6 : 20-23) / 신득일
25 교회의 수호자 예수 그리스도(시 2 :1-12) / 심형권
43 여호와의 소리(시 29 :1-11) / 김호관
65 원문 강해 : 종의 노래(사 53 :1-12) / 김하연

신약편

81 신약의 '이적'을 어떻게 설교할 것인가?(마 20 : 29-34)
황창기
103 마귀로부터의 자유에서 자유를 위한 선교로(막 5 :1-20)
황원하
122 십자가에 달린 그리스도는 어떤 분인가?(눅 23 : 32-43)
정연해

특집

Peter J. Leithart 교수의 신학 강좌와 설교

[신학 강좌]

148 엑서쥐시스와 아이서쥐서스 그리고 본문의 총화
162 하나님의 전기(傳記)

[신약의 구약 사용 및 계시사적인 그리스도 중심의 설교 실제]

181 마태복음 서론과 결론에 나타난 이스라엘의 역사를 재현하신 예수님과 그분의 복음
192 하나님과 씨름하기

권두언

『본문과 설교』의 창간에 즈음하여

황 창 기 (Th. D., 한국동남성경연구원 원장)

한국 교회는 절대 위기를 맞고 있다. 안티 크리스천들이 조직화되었고, 공영 방송으로부터 뭇매를 맞은 지 오래되었다. 젊은이들이 교회를 떠나고 교세는 마이너스 성장에 돌입하였다. 그 이유는 복합적이다. 그 중에서도 강단의 설교가 황금만능주의적 기복 사상에 서서히 물들어 이제는 노골적인 '위조 복음'으로 만연된 결과임을 부인할 수 없다.

교회 안에는 물질과 명예를 추구하는 수단으로 기독교를 이용하는 교인들이 늘어나고 있다. 그래서 자기 야망[self-ambition]을 채우면서, 주님의 뜻을 이루는 것으로 착각하는 교인들이 많아지게 되었다. 세상 사람들과 별 차이가 없다는 말이기도 하다. 따라서 교회도 빈익빈, 부익부의 현상이 갈수록 심화되고 있다. 많은 목회자들은 성장제일주의의 유혹을 뿌리치기 어려운 상황이 되었다. 우선 강단의 설교가 교인의 기호에 타협하기 일쑤다. 심하면 신비주의나, 이적위주의 목회로 치닫는 경우도 많다. 말하자면 우선 사람이 모여들게 하는데 총력을 기울이는 현실이라 해도 과언이 아닌 듯하다.

이것을 다른 말로하자면 '초점 혼동 현상'이랄까? 예를 들어서 성경의 이적에 대하여 말해보자! 이적은 예수님이 그리스도이시며, 그 분의 나라가 임하였음을 확증하는 부차적인 계시이다. 지금도 이적이 일어나고 있음을 우리는 믿는다. '이 세상'과 '오는 세상'이 만나는 선교 및 복음 현장에는 필요하면 희한한 이적이 동반되고 있기 때문이다. 그러나 문화가 발달하여 성경과 교회가 정착된 곳일수록, 또 오래 믿은 개인일수록 이러한 이적이 일어나는 회수가 드물어지는 것도 사실이다. 그럼에도 불구하고 한국교회 안에서 주된 계시인 예수 그리스도의 나라보다는, 부차적인 계시인 이적 일변도로 나아가는 교회가 늘어난다.

'초점 혼동 현상'이 심화되어가고 교회 안에 편만해 있다. 국가를 사랑한다면서 국수주의로 나아가고, 민족의 장래를 위한다면서 민족주의로 치우치는 목사들이 많다. 교권을 세운다고 하면서 교권주의로 흐르고, 교회 또는 교단을 위한다는 빌미로 불의와 불법도 동원하는 경우도 한두 가지가 아니다. 진리 안에 자유하기보다 유교나 무속 사상에 물들어 있다.

이 모든 경우의 밑바닥에는 하나님의 뜻의 목표요 완성 자이신 예수 그리스도에 대한 오해가 깔려있다. 하나님의 창조의 목적을 이루신 예수 그리스도가 초점이 되는 강단의 회복이 시급하다. 이 세상의 모든 문제가 예수 그리스도를 잃어버리는 데서 비롯된다. 특히 성경해석과 설교에서도 예수 그리스도께서 주인 되심을 회복하기 위하여 한국동남성경연구원이 시작되었다. 이제 첫돌을 맞았다. 한국 교회 강단의 주인이 예수님이심을 확립하는 시동을 맨주먹으로 시작하였다. 신약과 구약을 전공하고 학위를 가진 연구원들이 의기투합한 셈이다.

사실 많은 목회자들이 현장에서 모르는 것이 너무 많아 각종 세미나를 찾아다닌다. 그 중에서도 성경에 관한 도움을 우리 연구원이 맡기로 한 셈이다. 신학대학원에서도 성경 자체를 연구하고 공부하는 기회는 더없이 부족하기 때문이다. 이런 점을 감안하여 각 권별로 강의를 시작하였다. 한 학기에 신약 교수 3명과 구약 교수 3명이 사역자 A반 [목회자와 신학생], 사역자 B반 [여전도사], 비전반 [일반 성도]을 인도하였다. 신구약 66 권의 정경 중에서 총 6 권을 중심으로 두 학기 동안 매주 월요일에 강의하고, 매달 월례 발표회도 가졌다.

주어진 각 성경 본문의 해석에서 그 설교(적용)[From Text to Sermon]까지 다루려 하였다. "… 이 성경이 곧 내게 대하여 증언하는 것이니라"(요 5 : 39)는 말씀을 늘 염두에 두었다. 이와 비슷한 다른 여러 말씀을 따라 구속사적 성경해석과 그리스도 중심적 설교에 강조점을 둔다. 예수 그리스도가 선포되지 않아 유대인 회당에도 통하는 설교라면, 그것은 설교가 아니라 연설에 지나지 않기 때문이다. 말하자면 예수님의 십자가 죽으심과 부활의 변혁을 무시한 '윤리 도덕적 설교'는 생명력이 약하기 때문이다. 한국교회는 윤리 도덕 설교의 홍수를 이루고 있다. 설교의 '초점 혼동 현상'이 아닐 수 없다. 그 결과는 가장 비 윤리적이요 비도덕적인 한국 교회로 전락하여 사회적 비난에 직면하게 된 것이다.

한국동남성경연구원의 출범이 만시지탄이란 표현이 어울리

는 것 같다. 주님의 은혜 중에 이제 두 학기를 마치면서 그 결실을 『본문과 설교』라는 이름으로 그 창간호를 내놓는다. 지금까지 이끌어 주신 우리 하나님께 모든 영광과 감사를 드린다. 그리고 물질과 기도로 후원해 주신 여러분에게도 진심으로 감사드린다.

주님이 다스리는 해 주다해[AD] 2008년 12월

다윗과 미갈의 다툼

삼하 6:20-23

신득일 (Ph. D.)

[20]다윗이 자기의 가족에게 축복하러 돌아오매 사울의 딸 미갈이 나
와서 다윗을 맞으며 가로되 이스라엘 왕이 오늘날 어떻게 영화로
우신지 방탕한 자가 염치없이 자기의 몸을 드러내는 것처럼 오늘
날 그 신복의 계집종의 눈 앞에서 몸을 드러내셨도다. [21]다윗이 미
갈에게 이르되 이는 여호와 앞에서 한 것이니라 저가 네 아비와
그 온 집을 버리시고 나를 택하사 나로 여호와의 백성 이스라엘의
주권자를 삼으셨으니 내가 여호와 앞에서 뛰놀리라. [22]내가 이보다
더 낮아져서 스스로 천하게 보일지라도 네가 말한 바 계집종에게
는 내가 높임을 받으리라 한지라. [23]그러므로 사울의 딸 미갈이 죽
는 날까지 자식이 없으니라

도 입

다윗은 이스라엘 역사에서 가장 훌륭한 왕으로 평가를 받아왔다. 하나님의 관점에서 이스라엘 왕의 표준이 되는 사람이 바로 다윗이다. 성경에서 가장 훌륭한 왕으로 인정받는 다윗 왕이 심각한 부부싸움을 했다고 한다면 정말 믿기 어려운

일이 아니겠는가? 하나님 마음에 합한 사람이요, 이스라엘의 성군이었던 다윗이 심각한 부부싸움을 했다는 것은 상상하기 어려운 일일 것이다. 그렇지만 성경은 그 내용을 아주 상세하게 그리고 진지하게 다루고 있다. 이 싸움은 단순히 가정문제로 끝나는 문제가 아니다. 이스라엘 역사와 국가 정책에도 큰 영향을 미치는 사건이었다.[1] 더 나아가서 하나님의 구속의 역사에 엄청난 영향을 미치는 결과를 가져왔다. 이것은 엄청난 파장을 몰고 오는 사건이었다. 어떻게 해서 이런 부부싸움을 하게 되었나? 그 원인을 알기 위해서 그 배경을 살펴볼 필요가 있다.

배경 설명

이 다툼은 한 마디로 신앙과 불신앙의 갈등에서 빚어진 것이다. 진실한 믿음을 가지고 살려는 사람과 외형적인 믿음을 가지고 사는 사람 간의 갈등에서 비롯된 것이다.

이 다툼이 있기 전만 해도 다윗은 기쁨을 감출 수 없는 흥분된 상태에 있었다. 그의 일생에 그렇게 감격적인 날은 없었다. 왜 그런가? 법궤가 예루살렘으로 들어가는 역사적인 순간을 경험했기 때문이다. 그가 평소에 하나님의 법궤를 얼마나 사모했는지 법궤를 찾기 전에는 잠을 자지 않겠다고 선언할 정도였다(시 132 : 3-5).

법궤란 무엇인가? 법궤는 작은 제의 기구에 지나지 않지만

---

1) 이것은 사울의 집안과 베냐민 지파와 관련된 정책과 관계가 있다. 정치적으로 사울 왕의 추종자들은 항상 사울의 가문에 관심이 있었기 때문이다.

하나님의 특별한 임재를 표시하는 기구이며, 하나님의 통치와 왕권을 상징한다. 하나님의 보좌는 하늘에 있고, 법궤는 발등상으로서 하늘과 온 땅의 통치자인 것을 나타낸다. 이스라엘 백성들은 법궤를 중심으로 하나님의 통치를 받고 살았다. 뿐만 아니라 가나안 전역에 흩어져 사는 각 지파의 백성이 법궤에 임하시는 하나님의 능력으로 살았다.

법궤에 만나가 든 항아리는 교회에 대한 하나님의 은혜로운 보살핌을 증거 하는 것이다(히 9 : 4).[2] 그 백성은 광야에서 나온 이후 해마다 그런 권세 있는 자들의 떡을 배불리 먹을 수 있다(시 78 : 25). 아론의 지팡이는 여호와께서 아론과 그의 자손에게 제사장 직무를 주심으로써 친히 화목케 하시는 여호와께서 예수 그리스도의 직분적 봉사를 따른 삶과 구원과 복 받는 길을 보여 주신다. 율법, 증거의 두 돌판(출 31:18, 32 : 15, 34 : 29)은 언약을 통해서 하나님과 교제할 수 있음을 보여준다. 하나님은 거기서 종들을 만나시고, 율법을 주신다(출 25 : 22 등). 그러므로 법궤는 이스라엘에게 생명과 같은 것이다. 이스라엘 역사는 법궤와 함께했다. 법궤의 운명은 이스라엘의 운명이요, 이스라엘의 운명은 곧 법궤의 운명이었다.

이 하나님의 법궤가 이스라엘의 새로운 수도, 예루살렘으로

---

2) 법궤 안에 무엇이 들었는가에 대해서 많은 논란이 있지만 신약의 증거를 무시한 채 해결할 수는 없을 것이다. 십계명 두 돌판(출 25: 21; 신 10 : 5), 만나가 든 항아리(출 16 : 33-34), 아론의 지팡이(민 17:10, 히브리어 성경 25절)가 법궤에 들었음을 암시한다. 그러나 열왕기상 8:9은 십계명 두 돌 판만 있다고 했다. 신약의 증거를 고려할 때 처음에 세 가지가 들어있었지만 계시역사의 전진에 따라 두 가지의 의미는 광야 생활과 관련된 것으로서 그 기능을 다했으므로 제거한 것으로 보인다.

들어오는 것은 역사적으로도 대단한 의미가 있는 일이었다. 예루살렘은 그때부터 정치적 중심이 될 뿐만 아니라 종교적 중심지가 되었다.[3] 다윗이 이스라엘의 왕이긴 하지만 실제로는 하나님께서 이스라엘 중심에서 그 백성을 다스리신다는 의미가 있다. 다윗은 이 거국적인 사업을 통해서 이스라엘에 새로운 역사의 장을 열었다. 이때부터 시온은 이스라엘의 중심이 될 뿐만 아니라 세계의 중심이 되었다(겔 38:12). 왜냐하면 하나님께서 시온에서 우주를 통치하시기 때문이다.

이렇게 중요한 하나님의 법궤를 이스라엘은 70년이 넘도록 기럇여아림에 방치해 놓았다. 이제 다윗은 수도를 예루살렘으로 정하고 첫 사업으로 이 일을 시작했다.[4] 하나님의 임재의 상징이요, 이스라엘의 삶의 근본이 되는 하나님의 법궤를 예루살렘으로 옮기는 일은 정말 기쁘고, 너무나 감격스런 일이었다. 그런데 그 기쁨을 방해하는 요소가 있었다. 그것은 그의 아내 미갈의 반응이었다. 그녀는 다윗이 춤을[5] 추며 법궤

---

3) 여러 학자들은 다윗의 정치적인 계산을 너무 부각시킨다. John Bright, History of Israel (Philadelphia: Westminster Press, 1991), 200f.; H. Jagersma, Geschiedenis van Isral in het oudtestamentische tijdvak (Kampen: Kok, 1979), 150 ; S. Herrmann, Geschichte Israels in alttestamentlicher Zeit (München: Chr. Kaiser, 1980), 200 ; W. Brueggemann, First and Second Samuel, Interpretation(Louisville: John Knox Press), 1990, 24.

4) 이 기간은 사무엘, 사울의 활동기간과 다윗이 헤브론에 머물렀던 기간을 합산한 것이다(삼상 7:2).

5) Stolz는 다윗이 춘 춤은 가나안의 종교의식과 관계가 있을 것이라고 추정한다. Fritz Stolz, *Das erste und zweite Buch Samuel*, ZB (Zürich: TVZ, 1981), 217. 이와 관련하여 Porter가 생각하듯이 그 춤이 '미갈과의 거룩한 혼인을 위한 서곡'으로 볼 필요도 없다. J.R. Porter, 2 Samuel VI and Psalm CXXXII, *Journal of Theological Studies* V, (1954), 166. 최근의 많은 학자들이 이 견해를 따르지만

를 인도하는 모습을 창으로 내다보고 조소했다. 그리고 기쁨으로 집으로 들어오는 다윗에게 쏘아붙였다.

이 사건을 말다툼으로 인한 단순한 부부싸움으로 보기에는 너무나 엄청난 일이다. 오늘 본문을 세 대지로 나누어서 생각하겠다.

I. 미갈의 조소(20절)

다윗은 법궤를 옮기면서 백성들과 함께 나누었던 기쁨을 계속 집으로 연결시켜서 그 기쁨을 나누고 싶었다. 그러나 다윗이 집에서 축복을 하기 전에 미갈은 창가에서[6] 다윗의 행동을 못마땅하게 여기고는 그동안 참았던 말을 쏟아내었다(6:16). 그녀는 마음으로 그를 경멸했지만 아무에게도 드러내지는 않았다. 이제 기다리던 기회가 왔다. 미갈의 말은 다윗의 격앙된 기쁨에 찬물을 끼얹는 것이었다. 본문을 보면 그 분위기가 어떠했을지 짐작이 가고도 남는다. 미갈이 뭐라고 말했나? 20절을 보라: "이스라엘 왕이 오늘날 어떻게 영화로우신지(*kbd*) 방탕한 자가 염치없이 자기의 몸을 드러내는 것처럼 오늘날 그 신복의 계집종의 눈앞에서 몸을 드러내셨도다." 우리가 이

그의 춤은 그런 의식을 위한 정교한 춤이 아니라 그냥 주체할 수 없는 기쁨을 표현하는 열광적인 행동으로 봐도 무방할 것이다.

6) 고대 근동 문학에서 불길하고, 부정적인 일을 예시하는 '창가의 여인'이란 주제가 이 본문에서 얼마나 타당성 있게 적용될 수 있는지는 의문이다. Bodi는 창가의 미갈도 다윗과의 관계의 죽음을 예시하는 빈사적 기능을 가졌다고 한다. Daniel Bodi, *The Michal Affair from Zimri-Lim to the Rabbis* (Sheffield: Phoenix Press), 2005, 44. 그러나 성경은 창문과 관련해서 부정적인 의미(삿 5:28; 왕하 9:30)와 긍정적인 암시(수 2:21?; 잠 7:6)를 다 표현하고 있다.

말을 그냥 들어볼 때 이 말이 그리 잘못된 것이 없는 것 같아 보인다. 만일 미갈의 말이 사실이라면 다윗의 행위는 이스라엘의 율법을 위반한 것이다(출 20:26). 그렇다면 미갈의 비판은 상당히 일리가 있는 말이다. 사실 이스라엘의 왕이, 방탕한 자가 염치없이 자기 몸을 드러내는 것처럼 행동해서는 안 될 것이다. 미갈이 다윗이 왕으로서 좀 더 품위 있고, 위엄 있는 태도로 백성들을 인도할 것을 요구했다면 그것은 그리 잘 못된 것이 없을 것이다. 그렇지만 미갈의 말을 잘 분석해 보면, 그녀가 그렇게 자상한 아내로서 왕인 남편에게 조언하는 것으로 보기는 어렵다. 그녀는 언연 중에 다윗의 왕위에 복종과 존경을 표하지 않는다는 것을 드러내었다.[7] 겉으로 드러나는 말과 그 말의 속뜻이 달랐던 것이다.

본문은 미갈을 다윗의 아내라고 하지 않고 계속해서 "사울의 딸"이라고 소개한다. 이것은 미갈의 신분을 다윗과의 관계보다는 사울과의 관계를 더 강조하려는 의도를 갖는다.[8] 그

---

7) Alter는 미갈이 다윗에 대해서 '이스라엘 왕'이라는 3인칭을 사용함으로써 다윗의 행동에 대해서 무례한 분노를 드러냈다고 했다. 그러나 미갈이 계집종의 시각적 호기심을 충족시킨 점을 강조하면서 다윗을 성적으로 노출했다고 하고, 미갈의 말이 성적인 질투심을 강조한다고 하는 것은 본문의 문맥상 불필요한 상상인 것 같다. Robert Alter, *The Art of Biblical Narrative* (New York: Basic Books, INC, Publishers, 1981), 124. 사실 성기를 노출시키는 춤은 풍산과 왕가의 능력을 구현하는 지중해 연안 국가의 종교 의식이었다. Rosenstock은 다윗의 춤의 성격을 자신을 노출시키며 낮추면서 자신을 여호와의 생식 능력과 일치시키는 풍산과 축복의 의미로 보았다. Bruce Rosenstock, David's Play: Fertility Rituals and the Glory of God in 2 Samuel 6, *Journal for the Study of the Old Testament*, vol. 31. 1 (2006), 63-80.

8) 사무엘상 19:11에서는 다윗의 아내라고 했는데 Seeman은 이름에 대한 술어의 변화가 다윗에 대한 미갈의 관점과 두 가문의 정치적인 운명의 변화를 표시한다고 해한다. Don Seeman, Cultural

것은 불순종한 왕, 버림받은 왕의 딸이라는 점을 부각시킨다. 미갈은 다윗을 "이스라엘의 왕"이라고 했는데 이것은 조롱하는 의미가 있다. 정말 다윗의 왕위를 인정하고 있는지 의문이 생긴다. 오히려 그녀는 아버지 사울집안에서 왕을 계승하기를 바랐을 지도 모른다. '어떻게 당신이 왕이 될 수 있느냐고…' 그녀가 정말 다윗을 이스라엘의 왕으로 인정했다면 어떻게 감히 완전히 통일된 신정국가의 왕 앞에서 왕의 직분을 고려하지 않은, 이런 식의 발언을 할 수 있나? 미갈이 다윗을 정당한 이스라엘의 왕으로 인정했다면 이런 식으로 다윗을 대할 수 없을 것이다. 왕상 1장에서 밧세바가 어떻게 만년의 다윗 앞에 나아갔는가를 생각해 보면 알 수 있다.

그리고 미갈은 다윗이 계집종들 앞에서 추태를 부렸다고 신랄하게 비난했다. 물론 이것은 과장으로 보인다. 다윗의 열광적인 행동이 왕의 신분에 어울리지 않은 것은 사실이다. 그렇지만 우리는 다윗의 행위에서 덕망의 한계를 넘어서는 행동을 지적하기가 쉽지 않다. 분명한 것은 그녀는 다윗이 평범한 사람들과 함께 행동하는 것이 싫었던 것이다. 그녀는 상당한 특권의식에 사로잡혀 있었던 것이다. 미갈은 백성들로부터 추앙과 영광을 한 몸에 받아 누리는 영웅적인 다윗의 모습을 기대했을 것이다. 그것은 남편으로부터 세속적인 영광을 누려보려는 생각이다. 그래서 백성과 함께 에봇[9]을 입고 하나님

Poetics of a Biblical Motif, *Prooftexts* vol. 24, No. 1 (Wint. 2004), 22.

9) 이 에봇을 제사장 의복으로 보려는 주석가들은 다윗의 제사장적 기능에 대한 증거로 생각한다. 즉 다윗의 제사장적 기능이 나중에 레위인이나 제사장의 몫이 되었다는 것이다. A. A. Anderson, *2 Samuel*, WBC 11 (Dallas, Texas: Word Books, Publisher, 1989), 105. Bergen은 다윗을 멜기세덱의 제사장과 연결시키면서 이 에봇이 제사장 자격을 부여하는 것이라고 한다. Robert D. Bergen

을 섬기는 행위가 못마땅했던 것이다. 이점에 있어서 미갈은 자기 아버지와 닮았다고 할 수 있다. 아버지 사울과 같이 백성들로부터 받는 칭송에 관심이 많았다. 사울이 몰락하는 계기는 젊은 다윗의 인기였다. 그는 그것을 견딜 수가 없었다: "사울은 천천이요, 다윗은 만만이라"(삼상 18 : 7). 미갈은 세속적인 것에 관심이 있었다. 그래서 정작 관심을 쏟아야 할 곳에 관심을 두지 못했다. 미갈은 여호와의 언약궤에 대해서 전혀 관심이 없었다. 그 법궤의 언약적 의미와 역사적 의미를 몰랐던 것이다. 사울이 그랬던 것처럼(대상 13 : 3)[10] 그의 딸 미갈도 하나님의 법궤에 전혀 관심이 없었다.

문제의 발단은 바로 여기에 있다. 그녀는 가장 중요한 것을 보지 못했다. 하나님의 임재와 하나님의 통치에 관심이 없으

1&2 Samuel, NAC (Nashville, Tennessee: Broadman Press, 1996), 331. 그렇지만 이것은 명확하지 않다. 오히려 다윗의 세마포 에봇은 제사장 의복과 상관없이 간단한 의복일 수 있을 것이다. Cf. A. Phillips, David's linen Ephod, *VT* 19, (1969), 485-487.

10) 사무엘상 14:18의 마소라 본문은 "사울이 아히야에게 '법궤를 가져오라'고 명령했다. 그때에 하나님의 법궤가 이스라엘사람들과 함께 있었다"고 한다. 이 구절은 사울의 명령이 같은 장의 3절의 "아히야가 에봇을 가져왔다"는 말과 조화가 되지 않기 때문에 문제가 된다. 사무엘의 나머지 부분에서도 사울은 법궤에 특별한 관심이 없었고, 더욱이 법궤는 다윗의 통치 때까지 기럇 여아림에 있었다. 이 문제를 극복하기 위해서 Anold는 사울이 명령한 법궤는 다른 법궤라고 주장했다: W. R. Arnold, *Ephod and Ark: A Study in the Records and Religion of the Ancient Hebrews*, Harvard Theological Studies 3, (Cambridge, Mass: Harvard, 1917), 26f. 그렇지만 여러 개의 법궤에 대한 그의 가설은 성경적인 지지를 받기가 어렵다. 기드온이 만든 다른 에봇이 부정적으로 평가받는 것을 고려할 때 더욱 그렇다(삿 8 : 27). 그 대신 히브리어 본문의 법궤는 LXX 바티칸 사본과 루키안 사본을 따라 에봇으로 수정될 수 있다. LXX의 본문은 대부분의 주석가들이 받아들이는데 이것이 더 타당해 보인다.

니 다윗의 행동을 어떻게 이해할 수 있겠나? 하나님의 거룩한 뜻을 헤아리지 못하니 여호와의 눈은 의식하지 못하고 계집종의 눈 밖에 더 의식하겠나? 미갈은 하나님의 관점이 아니라 믿음없는 백성의 관점에서 그 일을 바라보았던 것이다. 그녀의 염려와 불만은 이렇게 낮은 차원의 신앙에서 비롯된 것이다. 때로는 이렇게 믿음이 없는 자는 진실한 성도의 신앙적인 행위를 이해하지 못하고 수용할 수 없다. 이것은 아무리 세월이 흘러도 만고불변의 진리다. 믿음 없는 외견상의 신자는 참된 믿음을 소유한 진실한 신자의 헌신에 걸림돌이 되는 법이다. 미갈의 조소가 바로 그런 것이 아닌가?

II. 다윗의 답변(21-22절)

다윗은 즉각 미갈의 말을 되받아서 그녀의 교만을 꺾어 놓았다. 그가 백성 가운데서 한 행동은 바로 여호와 앞에서 한 것이라고 했다. 다윗은 계집종의 눈을 의식한 것이 아니라 하나님을 의식했다. 그래서 그 행위에 부끄러움이나 수치를 느낄 하등의 이유가 없었다. 다윗은 오실 그리스도의 사역을 바라보며 하나님과 화목을 이룬 것이 대단한 즐거움이었다. 그리고 하나님과 동행하는 것이 너무나 큰 기쁨이었다. 여기에 비하면 오늘 우리의 기쁨은 더욱 큰 것이다. 왜냐하면 이미 오신 그리스도와 동행하기 때문이다. 그림자로서 바라보고 기뻐한 것에 비하면 오늘 우리는 하나님과 동행하면서 큰 기쁨과 평안을 누릴 수 있다.

다윗이 기뻐한 또 한 가지 이유는 하나님께서 자신을 왕(*nāgīd*)[11]으로 세우셨다는 것이다. 미갈이 듣기에는 부담이 되었겠지만 그는 단도직입적으로 자신이 선택받은 왕임을 말했다.[12] "저가 네 아비와 그 온 집을 버리시고 나를 택하사 나로 여호와의 백성 이스라엘의 주권자로 삼으셨다"고 한다. '버리고 택했다'는 말은 구원론에서 말하는 유기와 선택이 아니다. 그 기준은 왕위다. 왕위에서 제거하시고 왕으로 선택하셨다는 말이다. 전쟁을 위한 이방 나라의 왕과는 달리 하나님의 백성을 다스리는 직분을 맡은 것은 특별히 의미있는 기쁨이 될 것이다. 그래서 그는 왕으로서 품위를 떨어뜨렸다기 보

---

11) Cf. H. M. Ohmann, Een top bereikt: David wordt koning, in : in : *Een verzamelde levendige opstellen voorstelling*, (Kampen: Uitgeverij van den Berg, 1993), 134 "The theocratic character that had this naming as a title for the king of Israel especially continues to appear: *nāgīd* over my people Israel. Just in this connection, it puts the special place of Israelite monarch under King Jahweh"

12) Brueggemann은 야웨기자의 주장이 두 사람의 대화에 중심을 두고 있다고 구조적으로 주장하였다. 여기서 대칭 구조의 중심은 다윗이 왕으로 선택된 것이다. '내재(內在)된 화자'는 Murray가 덧붙였다. Brueggemann, *op.cit.*, 253; D.F. Murray, *Divine Prerogative and Royal Pretension*: Pragmatic, Poetic and Polemics in a Narative Sequence about David (2 Samuel 5. 17-7. 29, Sheffield : Sheffield Academic Press, 1998, 155).

Implied narratator: Michal's looking down
Michal : honor
maids
shamelessly
David: *before Yahweh*
chose me above ... above
prince over
before Yahweh
contemptible
maids
honor
Implied narrator: Michal's childlessness

다는 백성 앞에서 신앙의 본을 보인 셈이다. 왕으로서 사람들의 생각에 좌우되지 않고 하나님을 섬기는 일에 열심을 내었기 때문이다. 다윗은 하나님의 백성의 왕으로서 가장 중요한 일을 했다. 새로운 하나님의 통치 체제를 구축하여 옛 언약에 속한 백성들이 하나님 나라를 맛보는 놀라운 역사의 장을 열었다. 백성들은 여호와의 법궤를 사모했음에도 불구하고(삼상 7:2) 사울이 전혀 관심을 갖지 않았던 법궤를 예루살렘으로 운반함으로써 다윗은 나라의 왕이지만 진정한 통치자는 하나님이신 것을 인정했다. 이 사실은 오늘 우리에게도 중요하다. 내가 가장이지만 하나님이 우리 가정의 가장이시다. 내가 아이들을 양육하지만 사실은 하나님께서 우리 아이를 양육하신다. 내가 목사로서 목회를 하지만 "참 목자는 주님이십니다"라고 인정하는 것이 중요하다. 다윗의 왕은 여호와 하나님이었다. 다윗은 이 법궤가 들어오는 순간 이 시편으로 왕되신 여호와를 찬양했을 것이다.

"문들아 너희 머리를 들찌어다. 영원한 문들아 들릴지어다. 영광의 왕이 들어가시리로다…"(시 24 : 7-10).

하나님의 임재, 하나님의 통치는 기쁨과 두려움으로 맞아야 했다. 미갈의 발언은 이 엄청난 의미를 완전히 도외시한 처사다. 다윗의 중심은 오직 왕이신 하나님께 있었기에 그가 아무리 낮아져서 천하게 보일지라도(*qll*) 미갈이 말하는 계집종에게는 존경을 받을 게 분명했다. 그는 하나님의 영광을 위해서 필요하다면 얼마든지 낮아질 수 있다는 것이다. 사실 '계집종'의 믿음도 갖지 못한 미갈은 천하게 볼지 몰라도 지극히 작은 하나님의 백성이라도 그 행위를 높이 평가할 것이다. 하나님과 동행하는 것을 가볍게 여겨서는 안 된다. 하나님의 통치를 비웃으면 안 된다. 기쁨으로 하나님의 통치를 바라고 따르며, 그분의 명령에 순종하는 신실한 주의 백성이 되기를 바란다.

III. 하나님의 판단(23절)

이 구절은 대단히 중요하다. 하나님께서 평가해 주셨기 때문에 앞의 해석이 가능했다. 두 사람의 대화만을 볼 때 단순한 부부 싸움으로밖에 보이지 않기 때문에 누가 옳은지 모른다. 하나님은 두 사람의 대화에 냉엄한 판결을 내리셨다. 좀 강하게 번역된(*KJV*) "그러므로"란 접속사는 앞의 사건이 원인이 되어서 뒤의 결과가 초래하게 되었다는 말이다.[13] 미갈이 죽는 날까지 자식이 없었다.[14] 아마 다윗은 미갈에게서 자식을 기대했을 것이다. 왜냐하면 정치적인 이유도 있을 것이기 때문이다. 다윗의 통치 초창기에는 아직도 사울에 대한 미련이 백성들 사이에 많이 남아있었다. 그런데 미갈에게서

---

13) 대부분의 주석가들은 접속사 *waw*를 인과적인 것으로 본다. 그러나 White는 그의 최근 글에서 이 접속사를 인과관계로 보기를 거부하면서 사울의 후손이 왕위에 오를 수 없다는 야웨의 약속이 성취되는 것을 보여주는 나레이트의 방법이라는 것이다. 이것은 내라티브의 더 큰 영역에 주어진, 병치로 말미암아 생긴 간격을 매우는 하나의 방식이라는 것이다. 그래서 미갈이 자식이 없는 것은 하나님의 심판이라기보다는 원래 자녀가 없는 상태를 알려준다고 본다. Ellen White, Michal the Misinterpreted, *Journal for the Study of the Old Testament*, vol. 31. 4 (2007), 460f.

14) 마소라 본문 사무엘하 21:8에서는 미갈에게 다섯 아들이 있었다고 한다. 그러나 "그녀가 아드리엘에게 낳아주었다"는 것은 사울의 큰 딸 메랍이 되어야 한다는 말이다. 그래서 이 본문은 서기관의 필사 오류로 볼 수밖에 없다. 그렇지만 마소라 본문에 집착하는 유대 전통에서는 미갈이 메랍의 다섯 아이를 입양해서 양육했다고 한다(*b. Sanh.* 19b).

자식이 생기면 백성들에게 다윗이 사울의 적이 아님을 증명하는 셈이 된다. 다윗이 미갈을 다시 부른 이유도 아마도 여기에 있을 것이다. 사울의 아들 이스보셋의 군대 장관 아브넬이 사울의 첩을 간통해서 이스보셋을 배반하고 다윗에게로 돌아올 때 다윗은 뭐라고 반응했나? 조건부 승낙을 하였다. 그 조건은 미갈을 데려오라는 것이다. 그 당시 미갈은 이미 발디엘과 결혼해서 10년이 넘도록 가정을 이루고 있었다. 그런데 다윗이 왜 그 미갈을 요구했을까? 물론 그의 요구는 합법적으로 들린다.[15] 미갈은 그가 블레셋 군사 양피 100개로 정혼한 정실부인인 것은 분명하다. 그래도 다윗이 그것을 스스로 요구하지 않았던 것을 보면 스스로 그 일을 하기에는 떳떳하지 못한 부분이 있었던 것 같다. 여기에 어느 정도 정치적인 계산이 있었다고 한다면 다윗은 미갈을 통해서 아들을 얻기를 기대했을 것은 당연한 일이다. 아니 그냥 순수한 사랑에서 우러난 요구라고 한다면 그녀에게서 자식을 더욱 원했을 것이다.

그러나 안타깝게도 그 일은 이루어지지 않았다. 바로 이 사건 때문에 결정적으로 그녀는 죽는 날까지 아이를 가질 수 없었다. 이것은 부부싸움이 있은 이후 다윗은 평생동안 미갈과 동침하지 않았다는 뜻으로 이해해야 하는지는 모를 일이다. 옛날 말로 성총이 없었다고… 그렇지만 다윗은 미갈에게서 자녀를 얻고 싶은 열망이 있었다면 그렇지는 않았을 것이다. 그들이 정상적인 부부관계를 가졌음에도 불구하고 불임상

---

15) 바벨론 탈무드 산헤드린은 애써 다윗의 정당성을 묘사하고 있다. 발디엘과 미갈의 관계는 그냥 사랑을 유지하는 연인과 같은 관계이지 더 이상은 아니라고 한다(*b. Sanh.* 19b).

태였는지는 알 수 없다.[16] 분명한 것은 하나님께서 미갈을 심판하셨다는 것이다. 심판의 결과로 아이가 없었다.

고대 사회에서 여인에게 자녀가 없는 것은 고통스런 일이다. 그것은 저주이자 하나님의 심판으로 주어졌다(레 20 : 20-21; 렘 22 : 30). 일시적이긴 하지만 아비멜렉에게 그런 심판이 내려졌다(창 20:17-18). 그래서 여자로서 수치스런 일이었다. 라헬이 무자한 상태보다 죽기를 바랐던 것도 이유가 있다(창 30:1). 유대 전통에서는 여자뿐만 아니라 남자까지도 불이익을 당했다. 자녀가 없는 학자는 산헤드린에 앉을 자격이 없었다(*Sanh.* 36b). 이렇게 자녀가 없는 것은 사회적으로도 불이익을 당했다.

그러나 미갈이 당하는 심판은 이보다 훨씬 더 쓰라린 데가 있다. 이것은 자녀가 없기 때문에 단순히 자연인이 사회에서 당하는 수모 이상의 아픔이 있다. 하나님은 이 심판으로 자신의 예언의 말씀을 성취하셨다. 하나님은 사울을 버리셨는데 그를 메시야 반열에서 버리셨다. 그렇지만 미갈이 자녀를 가지면 그는 다윗의 후손으로서 예수 그리스도의 조상이 될 수 있는 가능성이 있었을 것이다. 세상 끝날까지 메시야의 어머니로서 영광스러운 이름을 가질 수 있었을 것이다. 그러나 하나님은 미갈을 심판하셔서 그녀가 메시야의 어머니가 될 기회를 완전히 빼앗아 버렸다. 하나님은 메시야의 계보에서 믿음 없는 사울의 피를 깨끗하게 제외시키셨다. 이것은 참으로 영광스럽고, 복된 기회를 놓친 것이다. 너무 아까운 기회를 놓쳤

16) Bergen은 이것이 다윗의 행위가 아니라 하나님의 행위이기 때문에 다윗이 남편으로서 임무를 다하지 못한 것으로 볼 수 없다고 한다. Robert D. Bergen, *op.cit.*, 332.

다. 이것은 미갈에게는 정말 가혹한 심판이 아닐 수 없다.

사랑하는 성도 여러분, 우리는 예수 그리스도의 보혈로 말미암아 죄사함을 받고 그분의 백성이 되었다. 우리는 그분을 주로 모시고 왕으로 모시고 있다. 그의 명령에 순종하며, 그분과 함께 동행하는 것을 기대하고 즐거워한다. 하나님이 우리와 함께 하신다는 것은 신구약 성경의 가장 큰 주제다. 성경이 우리에게 가르치는 복의 핵심이 바로 하나님이 우리와 함께하신다는 것이다. 기독교 신앙을 한마디로 말한다면 그것은 임마누엘이다. 이것이 없이는 우리의 노력과 봉사와 헌신은 껍질만 남은 종교인의 행위에 지나지 않을 것이다. 하나님의 임재에 대한 우리의 태도가 어떠해야 하는지 이 부부싸움이 아주 분명하게 가르쳐 주고 있다. 세상의 모든 종교는 인간의 일차원적인 욕구를 충족시키는 데 관심이 있지만 기독교는 하나님의 통치를 받고 순종하는데서 행복이 보장된다고 믿는다. 말씀과 기도를 통해서 하나님의 임재를 즐거워하며, 그분의 통치를 따르는 것이 기독교 신앙이다.

미갈이 당한 심판은 근본적으로 하나님의 임재와 그분의 통치를 이해하지 못하고 비웃는 데서 비롯된 것이다.[17] 하나님의 임재를 예사롭게 생각하는 자, 하나님의 통치를 비웃는 자가 당하는 심판이 어떠한가를 보라. 그것은 희망과 소망을 잃어버릴 뿐만 아니라 최고로 영광스런 자리를 차지할 기회를 놓치는 것이다.

하나님의 임재는 성도에게 가장 큰 기쁨이요, 위로다. 매일

---

17) Carlson은 명백하게 미갈이 자식이 없는 것은 법궤에 대한 그녀의 태도 때문에 야웨께서 내리신 심판이라고 생각한다. R. A. Carlson, *David: the chosen King* (Uppsala: Almqvist & Wiksells, 1964), 93.

의 삶 속에 하나님과 동행하는 것을 기뻐하고 즐거워하며 하나님의 통치에 순종할 때 우리의 행복이 보장되고, 하나님은 그리스도 안에서 우리를 영광스러운 길로 인도하실 것을 믿으시길 바란다. 아멘.

교회의 수호자 예수 그리스도

시편 2편

심형권 (Ph. D.)

1어찌하여 열방이 분노하며 민족들이 허사를 경영하는고. 2세상의 군
왕들이 나서며 관원들이 서로 꾀하여 여호와와 그 기름 받은 자를
대적하며, 3우리가 그 맨 것을 끊고 그 결박을 벗어 버리자 하도다.
4하늘에 계신 자가 웃으심이여 주께서 저희를 비웃으시리로다. 5그
때에 분을 발하며 진노하사 저희를 놀래어 이르시기를, 6내가 나의
왕을 내 거룩한 산 시온에 세웠다 하시리로다. 7내가 영을 전하노라
여호와께서 내게 이르시되 너는 내 아들이라 오늘날 내가 너를 낳
았도다. 8내게 구하라 내가 열방을 유업으로 주리니 네 소유가 땅
끝까지 이르리로다. 9내가 철장으로 저희를 깨뜨림이여 질그릇같이
부수리라 하시도다. 10그런즉 군왕들아 너희는 지혜를 얻으며 세상의
관원들아 교훈을 받을지어다. 11여호와를 경외함으로 섬기고 떨며 즐
거워할지어다. 12그 아들에게 입맞추라 그렇지 아니하면 진노하심으
로 너희가 길에서 망하리니 그 진노가 급하심이라 여호와를 의지하
는 자는 다 복이 있도다.

1. 들어가는 말

본 발표의 주된 관심은 '본문을 어떻게 설교에 까지 연결시킬 것인가?'이다. 모든 설교는 (1) 신학에 바탕을 두어야 하고 (theological), (2) 그리스도 중심적(Christ-centred)이어야 한다고 믿는다. '신학적이어야 한다'는 말은 설교는 설교자 개인의 사담이나 경험, 또는 추측성 발언이 아니라 '성경의 계시에 근거를 둔 것'이어야 한다는 말이고, '그리스도 중심적'(또는 기독론적)이어야 한다는 말은 설교는 궁극적으로 '그리스도를 드러내는 것이어야 함'을 말하는 것이다. 결국 설교는 하나님의 아들이신 예수 그리스도의 그분 되심 (person)과 사역(work)을 성경이 보여주는 틀 안에서 선포하는 것이며, 이 선포 아래서 어떻게 살아야 하는지를 제시하는 것이다.

시편 설교도 예외는 아니다. 기독론적 설교를 말할 때마다 빠지지 않는 증거로 제시되는 누가복음 24:44은 시편도 그리스도에 관한 책임을 분명하게 말해 준다.[1] 하지만 '어디까지 기독론적으로 해석해야 하느냐' 하는 시편의 범위에 대한 문제는 여전히 논쟁 중에 있다. 한 쪽에서는 신약에 인용된 시편의 본문 (메시야 시편)만 기독론적으로 해석해야 한다는 입장이고, 다른 한쪽에서는 시편 전체에서 그리스도를 설교해야 한다는 입장이다. 시편의 기독론적 해석의 출발점은 '신약에서 시편을 어떻게 인용했는가?'에 있다. 전통적으로 시편의

1) 여기서 시편을 성문서의 대표로 언급된 것 같다. '모세의 율법'이 모세 오경을, '선지자들'이 전, 후 선지서들을, 그리고 시편이 성문서를 대표하는 것으로 보인다. 어거스틴은 "구약에서 복음의 진리를 찾아야 한다"고 했고, 루터는 "성경의 모든 곳에서 그리스도를 발견해야 한다"고 한다 (Waltke, 1981:4).

메시야적 해석은 신약에 인용된 시편들에만 제한되어야 한다고 생각해 왔다. 하지만 정경 비평을 수용하는 학자들 사이에는 시편 전체가 '예수 그리스도의 기도'이고 시편 전체에서 그리스도를 발견하고 전할 수 있음을 말한다.2)

신약에 인용된 본문만으로 제한하게 되면 신약이 제시하는 방향을 따라 해석하면 되지만, 그 범위가 시편 전체로 확장되게 되면 상당한 주의가 요구되는 것은 사실이다. 잘못하면 모든 본문을 알레고리화 하는 중세의 실수를 범할 수도 있기 때문이다. 하지만 그럼에도 불구하고 시편의 의미 (meaning)는 신약의 빛에 비추어, 그리고 그리스도 안에서 그 최종 의의 (significance)를 발견해야 한다고 본다. 시편은 예수 그리스도의 기도이고 따라서 시편 전체에서 그리스도에 대해 설교해야 한다. 이것이 우리 설교자들에게 주어진 과제이다.

---

2) 예를 들면, B. Waltke는 그가 제안하는 '정경적 과정 접근법'(Canonical process approach)을 통해 시편은 다음의 4가지 과정의 프리즘을 통해 그 의미와 의의를 찾아야 한다고 주장한다: (1) 원저자의 의미 (2) 제 일 성전 시기와 연관된 초기 문집들에서의 의미 (3) 제 이 성전 시기와 연관 된 구약의 최종 완성 시기의 의미 (4) 예수를 그리스도로 제시하는 신약과 성경 전체 안에서의 의미이다. 이 네 단계 사이에는 유기적인 통일성이 있을 뿐 아니라 정경의 범위가 확장됨에 따라 그 의미도 더 명료해진다고 하면서 최종적으로 다음과 같은 결론을 내린다: "……시편은 궁극적으로 하나님의 아들 예수 그리스도의 기도들이다. 그분만이 의를 위해 고난 받고 악의 무리를 꺾고 승리자로 등장하는 왕의 이상적인 비전을 기도할 수 있는 분이다. 교회와 연합한 머리로서 그는 이들 기도 안에서 성도들의 대표가 되신다"(1981: 16).

2. 본문 : 사역(私譯)

1 어찌하여 열방이 술렁대고 민족들이 허사를 도모하는가?
2 세상의 군왕들이 나서며 관원들이 함께 꾀하는구나
(여호와와 그 기름 부은 왕을 대적하여),
3 "우리가 그들의 맨 것을 끊고 그들의 결박을 벗어 버리자"
하는도다.
4 하늘에 좌정하신 자가 웃으시고 그가 저희를 비웃으신다
5 그 때에 분을 발하며 진노하사 저희를 두렵게 하며 이르시
기를
6 "내가 나의 왕을 내 거룩한 산 시온에 성별하여 세웠다" 하
신다.
7 이제 내가 여호와의 칙령을 선포하노라(주께서 내게 이르
시되),
"너는 내 아들이라 오늘 내가 너를 낳았도다
8 내게 구하라 내가 열방을 너의 기업으로 주리니 네 소유가
땅 끝까지 이르리라.
9 네가 철장으로 저희를 깨뜨리고 질그릇같이 부수리라" 하
시도다.
10 그런즉 이제 너희 군왕들아 지혜롭게 행동하라
너희 세상의 관원들아 이 교훈을 받을지어다
11 경외함으로 여호와를 섬기고 떨림으로 그를 즐거워할지어다
12 그 아들에게 입맞추라 그렇지 아니하면 그의 진노하심으로
너희가 길에서 망하리니
그 진노가 급하심이라(하지만) 여호와를 의지하는 자는 다
복이 있도다.

3. 본문의 배경(Context)

시편 2편은 시편 1편과 함께 시편 전체의 서론(preamble)의 역할을 한다.[3] 시편 1편과 더불어 2편은 시편이 하나님을 향한 이스라엘의 기도라는 생각으로 읽는 독자들의 기대를 처음부터 무너뜨린다. 시편의 서론이요 관문이라 할 수 있는 이 두 시편은 하나님을 향한 이스라엘의 기도라기보다는 오히려 이스라엘을 향한 시편 기자의 교훈의 형태를 띠고 있다.[4] 서론으로서 1-2편은 앞으로 시편 전체에 나타날 주제들을 소개하는 역할을 한다. 1편이 여호와의 율법에 초점을 맞추고 있다면 2편은 다윗 언약에 근거한 왕권에 초점을 맞춘다.

---

3) 시편 1, 2편을 시편의 서론으로 보는 근거는 다음과 같다: (1) 1권의 대부분의 시들이 표제가 있는데 반해 처음 두 시편은 표제가 없다 (2) '복되도다'(아셔레, yrev.a;)로 시작하고(1:1) '복되도다'로 끝난다(2:12) 바벨로니안 탈무드에 의하면 다윗에게 헌정된 시들은 모든 장(chapter)이 '행복하도다'로 시작하고 '행복하도다'로 끝을 맺는다고 기록한다(Craigie, 1983 : 59) ; (3) '묵상하다'(1:2절과 2:1절), 망하다(1:6절과 2:12절), '앉다'(1:1절과 2 : 4절)등 언어적 유사성이 발견된다. 뿐만 아니라 1, 2편은 기도의 형태가 아니라 교훈의 형태를 취하고 있다. 이 두 시편이 원래 하나의 시편이었다가 후에 둘로 나뉘어졌는지, 아니면 다른 두 개의 시들이 최종적으로 시편에 서론의 의도로 덧붙여졌는지는 여전히 논의의 대상이지만 후자의 가능성이 더 많아 보인다. 어쨌든 최종 형태의 시편의 구성의 관점에서 볼 때 두 시편이 서언의 역할을 하고 있는 것은 분명해 보인다.

4) 흔히 시편은 이스라엘의 하나님을 향한 고백과 찬양이라고 생각한다. 이 말이 틀린 말은 아니지만 그렇다고 100% 정답도 아니다. 왜냐하면 시편이 하나님의 계시의 책인 성경에 포함되어 있다는 것은 시편이 단순한 이스라엘의 찬양집이 아니라 이스라엘을 향한 하나님의 교훈이 되어야 함을 암시하기 때문이다. 우리는 시편을 읽으면서 그것을 우리를 향한 하나님의 말씀으로 받지 단순한 한 시인의 기도로만 이해하지 않는다. 그런 의미에서 시편은 하나님의 백성을 향하신 하나님의 계시의 성격을 가진다.

본시는 보통 '제왕 시'(Royal psalm), 또는 등극 시(the enthronement psalm)로 분류되어왔다.[5] '왕'의 등극이라는 주제가 그 중심에 있기 때문이다. 따라서 2편은 새로운 왕이 등극하는 예식이라는 배경 속에서 이해될 수 있다.[6] 다윗 왕조의 왕이 시온에서 왕으로 등극하는 예식의 배후에는 삼하 7장 14절에서 제시되는 다윗 언약의 그림자가 숨어 있다.

시편 해석에 있어 고려해야 할 또 한 가지의 요소는 시편의 독자에 관한 부분이다. 150개의 시편의 각각의 정황은 알기 힘들다. 하지만 이 시편이 최종적으로 완성된 당시의 독자는 제 2 성전 시대의 후 포로기 유대 공동체이다. 그들에게 있어서의 가장 큰 아픔은 바로 과거의 성전의 영광과 다윗 왕조의 회복이다. 시편이 최종 완성된 포로기 이후 제 2 성전 시대는 왕도, 제대로 된 성전도 없던 시대였기 때문에 하나님의 백성으로서의 정체성과 다윗 왕조의 미래에 대한 도전과 불안감이 극에 달하던 시기였고 따라서 율법에 대한 기대와 다윗 왕조를 통해 약속된 메시야에 대한 기대가 요청되던 시기였다. 시편은 이들을 위로하고 그 어려운 시기를 견뎌 내게 하기 위한 하나님의 계시로서의 성격을 가진다. 시편이 모세오경처럼 다섯 권의 책으로 된 것과 처음 두 시편이 여호와의 토라와 (1편) 다윗 왕조를 그 주제로 삼고 있다는 것(2편)은 그런 의미에서 우연이 아니다. 1편은 여호와의 율법을 주야로 묵상하는 자가 복이 있다고 하고 2편은 왕을 경외하고

---

5) 제왕 시로 분류되는 시들은18, 20, 21, 45, 72, 89, 101, 110, 132, 142편 등이다(Anderson, 1983 : 239-242 ; Bellinger, 1990 : 106).

6) 학자들은 신년 축제와 관련해 매년 축제 때 낭송되던 시로 보기도 하고(궁켈), 다윗 왕조의 새 왕의 등극 의식과 관련된 것으로 보기도 한다(모빙클).

의지하는 자가 복이 있다고 한다. 환경이 행복을 만들지 않는다. 여호와의 율법을 묵상하고 하나님을 피난처로 삼는 사람 그가 행복한 자이다.

4. 본문의 구조(Structure)

(1) 형식적 구조(Formal Structure)

이 시는 4개의 연이 각각 3개의 절을 가지고 있는 (4*3)의 구조를 가지고 있다. 그리고 각 절은 몇 번의 예외를 포함해서 3개의 단어들이 한 단위가 되어 두 번씩 반복되는 3/3의 형식이다.7)

(2) 내용적 구조(Logical Structure)

A 세상이 하나님과 메시야를 대적함(1-3)

B 하나님이 메시야를 시온에 세우심 (4-6)

B' 그 메시야가 세상을 깨뜨림 (7-9)

A' 세상이 취해야 할 태도(10-12)

5. 본문 주해(Key Exegetical issues)

1절

(1) 열방/민족/군왕/ 관원 vs 여호와/그 기름 받은 자(메시야)가 대조 된다.

---

7) 예를 들면, '[1]어찌하여(람마) [2]술렁대고(라그쉬) [3]열방이(고임)/ [1]민족들이(울르울밈) [2]도모하는가(예흐구) [3]허사를(릭)'. 이 운율이 파괴되는 부분은 2b, 7a, 8a, 12a, 그리고 12b이다.

(2) "허사를 경영하는고?"에서'경영하다'는 1편 2절에서 '묵상하다'로 번역된 단어와 동일한 단어이다. '묵상'으로 번역된 단어는 원래 '작은 소리로 읊조린다'는 뜻을 가지고 있다(하가, הָגָה). 작은 소리를 내며 그 의미를 곱씹는 것이다. 복 있는 사람은 하나님의 토라를 읊조리며 마음에 새기지만 세상은 헛된 것들을 위해 모여 수군대며 일을 도모한다.

(3) '허사'는 하나님과 그의 메시야를 대적하는 자들의 마지막을 예상하게 해 주는 단어이다. 그들의 계획은 결국 아무것도 이루지 못한다. 그들이 안 들리게 수군대며 세운 계획은 헛된 계획이다. 그것은 바람에 나는 겨와 같이 사라져 버리는 것이다. 처음부터 그들의 운명이 어떠할지를 보여주고 있다.

2절

(1) 2절은 1절의 '허사'가 구체적으로 무엇인지를 말해준다. 그것은 바로 반역과 관계된 어떤 계획이다. 이 반역을 도모하는 일에 관원들이 함께 결탁하고 세상의 군왕들이 따라서 나섰다. 그들이 반역하고자 하는 대상은 여호와와 그의 메시야이다. 그는 이제 등극식을 하는 다윗 왕조의 왕을 가리킨다.

(2) 2절c의 '여호와를 대항(對抗)하고 그의 메시야를 대항하여'(2*2)는 앞의 3*3 운율에 어울리지 않게 덧붙여져 있다.[8] 2절ab를 구체적으로 해설하는 역할을 한다고 볼 수 있

8) 다른 사본에서는 이 구절이 2절의 앞에 (2a) 나타난다(H. H. Rowley, "The Text and Structure of Psalm 2," *JTS* 42-43 (1942-43), 148.

다. 즉 세상의 군왕들의 반역은 다름 아닌 하나님과 그의 메시야, 즉 다윗 왕조의 왕에 대한 것이라는 사실을 강도하는 것이다.

3절

(1) '멘 것'과 '족쇄'는 이들이 다윗 왕조의 통치 아래 있던 자들이었음을 암시한다. 이 통치로부터 벗어나고자 하는 것이다. 왕이 바뀔 때 나라가 어지럽다. 권모술수가 판을 친다. 서로 자기의 왕을 옹위하려고 한다. 모두에게 기회이기 때문이다. 온 땅의 군왕들과 팔레스타인의 한 작은 도시 국가의 왕조가 대조된다. 하지만 이 왕조는 결코 작은 왕조가 아니라는 사실이 이제 곧 드러난다. 이 왕조의 수호자는 하늘의 여호와 하나님이기 때문이다. 제2연은 그 장면을 땅에서 하늘로 옮겨 간다.

4절-5절

(1) 갑자기 장면은 땅에서 하늘의 보좌로 바뀌면서 땅과 하늘의 분명한 대조가 나타난다.

- 땅 (세상)의 왕들은 서 있는 자세를 취하지만(야차브, יָצַב) 하늘에 계신 자는 그의 보좌에 앉아 계신다(야사브, יָשַׁב).
- 땅의 왕들은 악을 도모하느라 속닥거리지만 하늘에 계신 자는 큰 소리로 웃고 계신다.
- 땅의 왕들의 도모는 '허사'이지만 하늘에 계신 자의 웃음과 조소는 실제로 그들을 두렵게 만든다 (cf. 5절 후반절).

(2) '웃음'과 '분노'는 구약에서 인생이 범접할 수 없는 하나님의 절대적인 행동을 묘사하는 신인동형론적 표현이다. 죽음 앞에 무력한 인생을 표현하는 시편 90편을 보라. 인생이 스러지는 이유는 하나님의 분노 때문이다. 하나님의 분노는 멸망을 가져온다.

6절

(1) 여호와의 분노와 조소는 시온에 그의 왕을 '성별하여 세우는' 행위로 완성된다. 하나님의 분노는 그가 세운 메시야를 통해 구체적으로 나타나게 될 것을 바라본다. '세우다'로 번역된 '나사크'(נָסַךְ)라는 동사는 액체를 붓는 동작과 관련된 단어 (pour out)이다.[9] 왕을 기름 부어 세울 때 사용되는 동사 '마샤'(מָשַׁח)가 사용되지 않은 것이 의외이다 (cf. 삼상 16:12; 레 7:36; 삼하 2:7). 하지만 2절에 이미 이 동사의 명사형인 '메시야'가 등장하고 있기 때문에 이 구절의 의미를 직접 화법으로 "내(여호와)가 나의 왕을 내 거룩한 산 시온에서 (기름 부어) 성별하여 세웠다"로 이해할 수 있다. 기름 부어 세우는 그림보다 전제로 부은바 되어 바쳐지는 데 초점이 있는 것 같다.

(2) 이렇게 함으로 하늘의 보좌와 시온이 있는 예루살렘의 보좌가 연결된다. 다윗의 보좌는 바로 하늘의 보좌를 대신하

9) 이 동사의 명사형은 '나시크'(נָסִיךְ)로 주로 가나안의 도시 국가의 왕들을 지칭할 때 쓰였다(수 13:21; 겔 32:30; 미 5:3; 시 83:11). 신에게 바쳐지는 제물 위에 포도주를 관제로 부어 바치듯이 왕에게도 부어 신에게 성별된 자로 드려지는 가나안 의식의 이미지를 떠오르게 한다.

는 것으로 제시되고 있다.

(3) 왕이 세움을 입는 장소는 거룩한 산 시온이다. 시온은 하나님의 통치와 임재가 이루어지는 곳이다. 그 곳은 세상의 군왕들이 서 있는 그들의 영역과 구별된(코데쉬, קֹדֶשׁ) 곳이다.

7절-9절

(1) 7절에서 말하는 자는 6절에 나타나는 기름부음을 받고 하나님께 성별된 다윗 왕조의 '왕'이다. 그가 이제 하늘의 왕의 명령/신탁(호크, חק)을 전달하고 있다. 그리고 그 내용은 3가지로 제시 된다.

"너는 내 아들이라 오늘 내가 너를 낳았다": 신탁의 형태로 전해진 이 양자됨의 선포는 삼하 7:14a의 "나는 그 아비가 되고 그는 내 아들이 되리니……" 라는 선지자 나단의 신탁을 생각나게 한다. 따라서 이 시편에서 '언약'이라는 용어는 나오지 않지만 다윗 언약과 연관되어 있음을 짐작할 수 있다. 여호와의 집을 짓겠다는 다윗에게 오히려 하나님께서 다윗을 위해 집을 지으시겠다고 하신다. 그 집은 house가 아니라 dynasty이다. 다윗 왕조는 사람이 신을 위해 존재하는 왕조가 아니라 하나님이 직접 세우는 왕조이다. '낳았다'는 표현은 고대 근동의 법적 입양 절차를 묘사하는 단어이고 '하나님의 아들'이라는 표현은 왕의 신적 기원을 상징하는 것이다. 이후로 다윗 왕조에 대한 기대는 항상 이 하나님의 약속 아래서 이해된다.

"열방을 너의 기업으로 주어 그 소유가 땅 끝까지 이르게 함": 왕국이 땅끝까지 이르는 것을 보면 그는 이스라엘 지경을 넘어선 우주의 왕이다. 따라서 반란 역시 우주적이다. 하지만 이스라엘이 세계를 지배한 적은 한 번도 없었다. 이는 시편의 독자들로 하여금 이스라엘의 지경을 초월하는 한 영원한 나라에 대한 기대를 가지게 한다.

"철장으로 대적하는 군왕들을 질그릇 같이 부수리라": 이 표현의 배경은 고대 중동(특히 이집트) 왕 즉위식의 예전에서 볼 수 있는 그림이다. 주변 나라의 이름들이 적힌 토판을 즉위하는 왕이 철장으로 부수는 예식을 통해 그 나라와 새로운 왕의 강함을 표현하는 것이다.

(2) 새로운 다윗 계열의 왕은 우주적 왕이요, 그의 나라는 영원할 것이라는 다윗 언약의 성취를 여기서 볼 수 있다.

10절-12절

(1) 마지막 연은 첫 번째 연에 나타나는 세상의 군왕들과 열방들에게 내려지는 최후통첩이요 교훈이다. 이 연은 지혜자의 전형적인 권고의 형태를 지니고 있다. '그런즉 이제'(베아타, וְעַתָּה)라는 접속부사는 앞의 연에 나오는 '여호와의 메시야'의 철권 정치를 상기시킨다. 하나님의 분노는 이 메시야의 철장을 통해 구체화되었다. 그에게 주어진 이 권능을 인식한다면 그를 대적하려 했던 세상의 군왕들은 지혜자의 3가지 권면에 귀를 기울여야 한다. 어차피 그들의 도모함은 허사로 끝날 것이기 때문이다.

- **여호와를 경외함으로 섬겨야 한다**: '경외'는 지혜로운 사람의 태도를 보여 주는 시금석이 되는 단어이다. 왜냐하면 여호와를 경외하는 것이 지혜의 근본이 되기 때문이다(잠1:7; 9:10). 이는 시편 2편이 지혜라는 주제 아래 1편과 하나의 시편으로 읽힐 수 있음을 보여 준다.

- **두려워함으로 그를 즐거워해야 한다**: 어떻게 두려워함과 즐거움이 조화될 수 있는가에 대한 논쟁이 있다. 그래서 11절 후반절을 12절 전반절과 연결시켜 11-12절을 "여호와를 경외함으로 섬기고 떨지어다 즐거워하며 그 아들에게 입 맞추라……"로 바꾸어 해석하기도 한다.[10] 하지만 '경외'라는 단어가 '두려움'과 '존경'의 복합된 감정이듯이 두려워함과 즐거움은 종이 그 주인에게 가지는 충성심에서 나오는 복합적 감정이다.[11]

- **그 아들에게 입 맞추어야 한다**: '그의 아들'(바르, בַּר)인가 '그의 발(레겔, רֶגֶל)'인가에 대한 논쟁이 있다.[12] 발에

10) 예를 들면 NEB는 "Worship the LORD with reverence; tremble, and kiss the king lest the LORD be angry……"로 번역하고 있고 JB 역시 "Serve Yahweh, fear him; tremble and kiss his feet. Or he will be angry……"로 번역한다(보라. Allis, 1953:26; Barr, 1968:284).

11) 70인역과 라틴역은 마소라 본문을 지지한다: αγαλλιασθε αυτῳ εν τρομῳ (rejoice in him with trembling) / exultate ei cum tremor (exult in him with trembling).

12) '바르'는 아람어로 히브리어로 아들을 뜻하는 벤(!Be) 대신 구태여 아람어를 쓸 이유가 있었는지 의문을 제기하고 본문 상에 혼란이 있었다고 보고 '바르'를 레겔로 고쳐 '두려움으로 그의 발에 입 맞추라'로 읽을 것을 제안한다 (Allis, 1953:26). Hurst (1960:92-93)

입 맞추는 것은 고대 전쟁에서 패자가 승자에게 해야 했던 의식임을 생각해 보면 가능성은 있지만 아들에게 입 맞추는 것이나 그 의미에는 별다른 차이가 없어 보인다.[13] 그 아들에게 입 맞추는 것이나 그의 발에 입 맞추는 것이나 복종의 태도를 보여주는 것이므로 구태여 본문을 다르게 읽을 이유가 없다.

(2) 다시 한 번 여호와의 진노가 강조된다. 길에서 망한다는 말은 그만큼 여호와의 진노가 급하기 때문이다. 하지만 그 진노는 하나님 자신이 아니라 그의 아들을 통해 표출된다.

(3) 하지만 여호와를 의지하는 자는 복된 자이다. '복되도다'(아셔레, yrev.a;)는 말로 마무리됨으로써 1편의 시작과 수미쌍관을 이룬다. 참된 행복은 그의 삶의 중심에 하나님의 율법을 두고, 하나님만을 의지하는 자에게 있다. 예루살렘이 그렇게 주목 받는 도시가 아니었다는 것을 생각해 보면 이 선포가 얼마나 놀라운 것인지 알 수 있다. 이 작은 성읍에서 한 왕을 세우면서 하늘을 논하다니. 이 확신의 뒤에는 하나님이 진정한 왕이라는 고백이 숨어 있다. 다윗 왕조의 왕이 세워질 때마다 선포되는 이 영 (교훈)은 결국 두 종류의 운명을 만들어 낸다. 이 왕권을 인정하고 하나님만 의지하면 살고 대적하면 죽는다는 것이다. 이는 복음의 양면성과도 부합한다. 복

는 '바르'가 세 가지 의미가 있다고 한다: (1) 아람어로 '아들' 이라는 뜻을 가진다(cf. 잠언 31:2); (2) 들(ground)(cf. 욥 39:4); (3) '순수'(purity) 이다. 이 세 가지 의미에는 '순수한 복종'(pure submission)이라는 뉘앙스를 내포한다고 한다.

13) 실제로 70인역이나 시리악 페쉬타는 마소라 본문을 지지한다.

음의 선포는 두 종류의 사람을 구분한다. 믿고 구원받는 사람과 믿지 않고 멸망 받는 사람이다

6. 시편 2편의 메시지

(1) 시편 2편은 다윗 언약을 새 왕의 등극이라는 배경 안에서 세시한다. 세상은 떼를 지어 하나님의 통치를 기부하고 반역을 도모하고 있다. '어찌하여'라는 놀람의 표현에서 알 수 있는 것처럼 세상이 하나님과 그의 메시야를 대적한다는 것은 이해하기 힘든 일이다. 유한한 인간들이 영원하신 하나님을 대적한다는 것 자체가 수수께끼이다. 그럼에도 그것은 분명한 현실이다. 하지만 하나님의 통치에서 벗어나기 위해 세운 세상의 그 어떤 계획도 허무하게 끝이 날 수밖에 없다.
세상의 반역에 대한 하나님의 계획은 그의 메시야를 기름 부어 성별하여 시온에 세우는 것이다. 그는 온 세상이 하나님의 통치 아래서 살게 하는 것을 가능하게 할 '하나님의 아들'로서 반역에 대한 해결책으로 제시 된다. 왕위 등극이라는 의식을 통해 그는 그 자리에서 '하나님의 아들'로 선포되고 아들의 권리를 얻는다. 이제 그의 나라는 땅 끝까지 이르고 무소불위의 나라가 될 것이다. 반역을 도모하는 자들이 살 수 있는 길은 여호와를 경외하고 그를 의지하는 것이다. 그렇지 않으면 속히 망하게 될 것이다. 행복은 오직 그를 의지하는 데서 온다. 이렇게 이스라엘은 그들이 소망하는 평화와 행복을 하나님의 대리인의 공적 타이틀인 '하나님의 아들'이라 불리는 다윗 왕조의 왕들에게서 찾았다. 그러나 이 작은 나라가 세상을 정복하고 온 세상이 다윗 왕조에 굴복하는 일은 일어

나지 않았다. 선지자들은 이 소망을 미래의 메시야와 연결시킴으로써 메시야 통치는 미래와 연결되는 종말론적 성격을 띠게 된다.

(2) 종말론적 소망은 후 포로기 유대인들에게 위로와 소망의 메시지이다. 다윗 왕조의 백성이었지만 이제 왕을 잃어버린 나라라는 정체성의 위기 속에서 기름 부음을 받고 시온에서 세움을 입을 한 왕을 통해 다윗 왕조가 회복되어 영원한 나라를 이룰 것이라는 선포는 유대 공동체에게 소망의 메시지이다. 약속된 메시야는 오실 것이고 그 나라는 세상 끝까지 이를 것이다. 주변의 열강들이 아무리 뒤 흔들려고 해도 오실 메시야의 철장이 그들을 깨뜨릴 것이다.

(3) 사도들은 1-2절에 나오는 세상의 군왕들과 방백들을 예수님을 못 박았던 헤롯과 빌라도에게 적용하고 있고(행 4:25-28), 계시록 6:15과 17:18은 하나님을 거역하는 세력으로 묘사한다. 세상은 계속해서 하나님과 예수 그리스도를 거부한다.

고대 세계는 온전한 통치를 가져다 줄 왕을 기대하면서 왕을 절대적인 능력을 가진 '신의 아들'이라고 불렀다. 하지만 이스라엘의 역사 가운데 직접 이 신탁을 들은 왕은 없었다. 그래서 선지자들은 이 소망을 오실 메시야에게서 찾았다. 놀랍게도 이 예언은 요단강에서 세례를 받고 올라오는 나사렛 예수에게서 온전히 성취된다. 마침내 하늘이 열리고 이 선언이 선포된다: "이는 내 아들이요 내 기뻐하는 자니라"(마 3:17). 예수의 세례 받음은 기름 부음을 받고 관제로 부어져 왕으로 등극하고 하나님의 아들로 선포되는 이 구약의 예식을 생각나게 한다. 예수는 정말 왕으로 온 것이다. 이는 그에게 세례를 준 세례 요한과의 관계 속에서도 암시되고 있다. 요한은 왕의 오심을 알리는 나팔수이기 때문이다. 예수 그리스도는 자신의 생애와 고난, 죽음 그리고 부활을 통해 이 소망을 바로 자기 자신에게 적용하셨다(마 28:28). 그리스도는 두아디라 교회에 보내는 편지에서 대적들과 싸워 끝까지 이기는 자는 만국을 다스리는 권세를 주신다고 약속한다. 그의 강력한 힘은 "그가 철장을 가지고 저희를 깨드려 질그릇 깨뜨리는 것"과 같을 것이다(계 2:27). 바울은 "너는 내 아들이라 오늘 너를 낳았다"는 시 2:7의 말씀을 예수의 부활로 해석하고 있다(행 13:33). 실제로 예수 그리스도는 죽은 자 가운데서 다시 살아남을 통해 하나님의 아들로 인정되셨다(롬 1:4).

마태복음의 마지막 부분에서 예수님께서 "하늘과 땅의 권세를 내게 주셨으니 그러므로 너희는 가서 모든 족속으로 제자를 삼아 아버지와 아들과 성령의 이름으로 세례를 주고 내가 너희에게 분부한 모든 것을 지키게 하라 볼지어다. 내가 세상 끝 날까지 너희와 항상 함께 있으리라"(마 28:18b-20)고 하셨을 때 우리는 시편 2편의 선포가 성취되었음을 듣는 것이다. 동시에 '이미'와 '아직'의 긴장 관계 속에서 이스라엘과 동일하게 이 선포가 완전하게 성취될 그 날을 바라본다. 예수 그리스도는 하나님께서 세우신 온 우주의 왕이며 교회의 머리이시다. 우리 주님께서 왕으로 계신 주님의 교회를 음부의 세력이 이길 수 없다. 그는 부활하신 왕이요 교회의 머리이시기 때문이다. 그러므로 우리는 예수 그리스도의 왕 되심을 우리의 삶의 전 영역에서 인정하고 따라 가야 한다. 예수 그리스도를 왕으로 삼고 그 말씀에 순종하는 길만이 유일한 살

길임을 다시 한 번 확인하고 오늘도 이 믿음 위에서 승리의 삶을 선포해야 한다. 예수 그리스도 그 분은 몸 된 교회의 수호자이다.

(4) 베드로의 고백과 같이 "주는 그리스도시요 살아 계신 하나님의 아들"(마 16:16)이라고 고백하는 자들은 이 신앙을 가지고 살아야 한다.

예수 그리스도가 하나님의 통치의 대리인이요, 해결책임을 믿는다는 것은 이 세상의 그 어떤 세속 정치로도 이 세상이 하나님의 통치 아래로 오게 할 수 없다는 사실도 믿는 것이다. 예수 그리스도의 복음만이 세상을 변화시키는 능력이요 하나님의 통치 아래서의 삶을 가능하게 하는 힘이다. 오직 그리스도를 통해서만이 오는 믿음을 통해 우리는 이 복을 누린다.

하나님은 온 세상에 대한 당신의 소유권을 죽으셨다 부활하심으로 하나님의 아들로 인정된(롬 1:4) 예수 그리스도를 통해서 주장하신다. 구원하시는 하나님의 능력은 부활하신 우리 주님의 성령을 통해 역사하는 것이지 물리적인 힘이나 세상의 능력을 통해서가 아니다.

우리가 이 사실을 믿고 고백한다는 것은 예수 그리스도만이 인류의 반역에 대한 유일한 해답이요 해결책임을 믿는 것이다. 인류 역사 안에 다른 대안이나 차선책이 제시된 적은 없다. 오직 예수 그리스도만이 우리의 소망이다.

여호와의 소리

시편 29:1-11

김호관(Th. D. Cand.)

1너희 권능 있는 자들아 영광과 능력을 여호와께 돌리고 돌릴지어
다. 2여호와의 이름에 합당한 영광을 돌리며 거룩한 옷을 입고 여호
와께 경배할지어다. 3여호와의 소리가 물 위에 있도다 영광의 하나
님이 뇌성을 발하시니 여호와는 많은 물 위에 계시도다. 4여호와의
소리가 힘 있음이여 여호와의 소리가 위엄차도다. 5여호와의 소리가
백향목을 꺾으심이여 여호와께서 레바논 백향목을 꺾어 부수시도다.
6그 나무를 송아지 같이 뛰게 하심이여 레바논과 시룐으로 들 송아
지 같이 뛰게 하시도다. 7여호와의 소리가 화염을 가르시도다. 8여호
와의 소리가 광야를 진동하심이여 여호와께서 가데스 광야를 진동
하시도다. 9여호와의 소리가 암사슴으로 낙태케 하시고 삼림을 말갛
게 벗기시니 그 전에서 모든 것이 말하기를 영광이라 하도다. 10여호
와께서 홍수 때에 좌정하셨음이여 여호와께서 영영토록 왕으로 좌
정하시도다. 11여호와께서 자기 백성에게 힘을 주심이여 여호와께서
자기 백성에게 평강의 복을 주시리로다.

시편을 설교하기가 쉽지 않으리라 생각한다. 시편의 저자와

시대적 배경을 알 수 있다하여도 역사적 이야기(historical narrative)나 예언적인 말씀(prophetic oracle)이 아니기 때문에 설교문을 작성하는 데 또 다른 어려움이 있을 것이다. 그럼에도 불구하고 설교자는 하나님의 말씀인 시편을 설교해야 하는 필요성과 당위성이 있다. 이러한 실정에 따라 시편 29편을 주석함으로 설교문 작성에 도움을 얻고자 한다.

I

고대 가나안 시체(詩體)와 시편 29편의 어법과 비유적 표현의 유사성 때문에 지난 60여 년 동안 학자들 사이에 논쟁이 되어 왔다. 이유는 시편 29편이 시편 중에 가장 오랜 된 것으로 여겨지며, 반복의 특징인 고대 형태(1, 2절)를 보이며, 고대 가나안에서 부와 번영의 신 바알을 찬양하는 것을 이스라엘이 도입하였다는 주장이 있기 때문이다.[1] 바알은 가나안 사람들이 믿는 폭풍과 번영의 신이다. 바알이라는 이름은 우가릿 문헌 등에서 나타나고,[2] 특히 1929년 시리아(옛 우가릿) 북쪽 지역에서 한 농부에 의해 발견된 라스 샤므라 토판(주전 14세기경)에 잘 드러난다.[3] 이 토판이 발견된 이후 긴

---

1) *The Interpreter's Bible Commentary in twelve volumes*, vol. Ⅳ. (Nashville : Abingdon Press, 1994), 792.

2) *The Anchor Bible Dictionary*, vol. 1, (New York : Doubleday, 1992), 545.

3) *Ibid.*, 708. 예를 들어 제의 문서인 RS 24.266 = Ugaritica Vll, pp. 31-39 = ktu 1.119에 나타난 한 부분 절을 보면 다음과 같다.
(28)"O Baal, cast the strong one from our gates, "오 바알이여, 우리의 문들로부터 강한 자를 던져 버리소서.
(29)The warrior from our wall. 우리의 성벽으로부터 용사여,

스버그(Ginsberg)는 처음으로 이 시편이 고대 바알 찬양시였다가 이스라엘의 예배에서 여호와의 찬양시로 각색(脚色)되었다고 주장하였다.[4] 이에 동의하는 학자들도 많았다. 그러나 크레이기(Craigie)는 시편 29편의 가나안 기원설에 대해 난점(難點)이 있음을 지적하고, 페니키아 또는 우가릿 문헌들 사이에는 그 어법상 지속적이고 정확한 유사성이 없다고 말하였다.[5]

시편 29편은 시편 3-41편 속에 들어 있는 '다윗의 시편'에 속하는 시이다.[6] 마소라 본문에 따른 영어 성경에 보면 "A Psalm of David"로 되어 있지만, 원 형태인 לדוד[7]의 해석은 "For David"이다. 고대에는 이것이 저자임을 가리킨다.[8] 영어 사해 사본 성경에도 "A Psalm of Da [vid] 로 표기되어 있다.[9] 그래서 시편 29편과 우가릿 문헌 사이에 유사성이

A bull, (30) O Baal, we sanctify, 힘센(30) 바알, 우리를 신성하게 하소서

A vow, O Baal, (31) we fulfill; 맹세컨대, 바알이여, (31) 우리를 성취하게 하소서

A [first] -born (or :a [ra] m), O Baal, we sanctify, [최초의] -탄생 (혹은 : a [ra] m), 오 바알이여, 우리를 신성하게 하소서,

4) H. L. Ginsberg, *A Phoenician Hymn in the Pasterin Att*: del x I x Congresso Internazionale degli Orientallisti (Roma: 1935), 472-476.

5) Peter Craigie, 『시편』 (*Psalm*) 상, 손석태 역, 서울: 솔로몬, 2000), 329.

6) F. Alberto Soggin, *Introduction to the O. T.,* (Philadelphia: The Westminster Press, 1967), 180.

7) *The Holy Scriptures: According to the Masoretic Text*, vol 2, (Philadelphia: The Jewish Publication Society of America, 1980), 1579.

8) F. A. Soggin, *op. cit.*, p. 367.

있다고 하여도, 소재(素材)가 유사하다고 꼭 동일한 기원이라고 말할 수는 없다. 연대와 지역이 달라도 어떤 대상에 대한 인간의 동일한 감정의 표현 형식은 같을 수 있기 때문에 차용(借用)되었다는 주장은 입증되기 전에는 무리가 있다. 따라서 다윗이 지은 이 시는 사악한 바알의 연약함과 대조하여 하나님의 권능과 승리를 강조하기 위해 의도적으로 가나안 형태의 언어와 비유적 표현을 이용한 찬양시로 보아야 할 것이다.

II

문학적 형태와 배경을 살펴보면 시편 29편은 8, 19, 33편 등과 함께 하나님을 찬양하는 찬송(Hymnus)에 속한다.[10] 시편기자는 전투에서 '승리하는 왕'으로서의 여호와의 모습을 그리고 있다. 대개 찬송시는 "명령형 복수로서 환희와 송영의 권고"(die Aufforderung zum jubeln und singen)로 시작하는 것이 일반적인 형식이다. 그래서 복수형 1인칭 명령형 또는 권고형과 2인칭이 섞여 있는 것과 3인칭의 형식을 가진 시가 있는데 시편 29편은 3인칭에 속한다.

이 시편의 구조는 3부분으로 되어 있음을 쉽게 볼 수 있다. 시작 절들과 끝 절들은 하나님의 왕권을 찬양하는 데 초점이 맞추어져 있다. 중간절들은 하나님의 권능과 영광을 고

9) *The Dead Sea Scrolls Bible*(New York: Harper Collins Publishers, 1999), 521.

10) Roland Kenneth Harrison, *Introduction to the Old Testament*, (Grand Rapids, Michigan: William B. Eerdmans Publishing Company, 1969), 991.

도(高度)의 시적 묘사로 표현하고 있다.[11)]

a. 여호와의 왕권에 대한 찬양(vv. 1-2)

b. 여호와의 영광스런 목소리(vv. 3-9)

a′ 여호와의 왕권에 대한 찬양(vv. 10-11)

(a) 여호와의 왕권에 대한 찬양(29 :1-2)

서론은 4행으로 이루어져 있다. 3행까지는 동일한 어구 "여호와께 돌려라"(הָבוּ לַיהוָה)로 시작된다. 시편 96 : 8도 동일한 어구로 같은 4행시를 이루고 있다. 이러한 효과는 시상(詩想)이 발전해 감에 따라, 반복을 통한 분위기 고조의 문학적 기법으로 여겨진다.

(b) 여호와의 영광스런 목소리(29 : 3-9)

우선 3-9절 사이에 여호와의 목소리가 7번 등장한다. 그래서 이 시의 중심 단어는 "여호와의 목소리"(קוֹל יהוה)로 볼 수 있다. 이 목소리가 무엇이며, 무엇을 말하고 있는지, 그리고 무엇 때문에 시편기자가 이 소리를 노래하는지를 이해하면 이 시편의 주제에 가깝게 다가설 수 있다. 그리고 3-9절을 다시 같은 내용을 묶어 세분할 때 크게 "물"과 "백향목"과 "광야"가 주요 소도구로 등장한다. 이 단어를 따라 구별하면, 3-4절은 여호와께서 혼돈의 물을 뇌성으로 정복하고, 5-6절은 백향목을 꺾으시고, 7-9절은 광야를 진동하시는 모습을

11) *The Expositor's Bible Commentary,* vol. 5(Grand Rapids, Michigan: Zonderan Publishing House, 1991), 243.

드러내고 있다. 3-4절에서 여호와의 목소리는 뇌성을 나타낸다. 뇌성인 천둥과 번개가 어떤 장소에 치며, 그 효력을 말해주는 것이 5-6절이다. 이 뇌성이 레바논과 시룐에 떨어져 레바논의 백향목을 꺾어 부수며, 나무를 송아지처럼, 레바논과 시룐을 들송아지처럼 뛰게 하신다. 그리고 7-9절은 여호와의 목소리에 의해 광야가 진동한다. 여기에 여호와의 소리가 3번 나타난다. 이 소리가 화염을 가르고 광야를 진동시키고 상수리나무를 부수고 삼림을 말갛게 벗긴다. 이 단계는 폭풍이 몰려와 번개가 하늘에서 번쩍이고, 천둥소리가 나고, 번개가 쳐서 나무와 삼림을 태우는 모습이다. 특히 주님의 소리가 광야, 구체적으로 가데스 광야를 뒤흔들고 있다. 그러고 나서 9절 마지막 소절에 하나님의 전에서 영광(כָּבוֹד)이라고 말한다. 지금까지의 목소리가 천상에서 영광을 받다가 지상에 임하니 영광이라고 말하고 있는 것이다. 그래서 1-2절은 천상에서 피조물이 영광을 돌리고, 3-9절은 그 영광이 목소리에 임하니 천상에서 영광이라고 말하고 있는 것이다. 이런 전개에 따라 10-11절이 결론에 해당된다.

(a′) 여호와의 왕권에 대한 찬양(29:10-11)

여호와의 영광이 지상에 임하면 이것은 평강이 된다. 여호와께서 지상의 홍수 위에 좌정하신다. 이때 홍수는 창세기 6-7장에 나타난다. 노아의 대홍수를 뜻한다. 홍수 위에 "좌정"(יָשַׁב)하신 주님은 혼돈을 다스리는 모습이며, 영원토록 왕(*melek*)으로 좌정하셔서 자기 백성에게 살아갈 수 있는 어떤 "힘"(עֹז)을 주신다. 또한 여호와께서 자기 백성에서 평강

(*shalom*)의 복을 주신다. 이러한 하나님에 대해 천상의 찬양처럼 지상에서도 왕으로 좌정하신 여호와의 왕권을 찬양하고 있는 것이다.

이 시편의 배경을 보면 예배드리는 공동체 내에서 사용된 찬양시로 분류하는 데 부담이 없다. 칠십인경은 이 시편을 초막절(the Feast of Tabernacles)과 연결시키며,[12] A. 바이저는 이를 "신현 시편"(Theophany Psalm)으로 부르고 축제 예배의 절정에 하나님께서 나타나시는 것으로 본다. 이 시는 승리를 찬양하고 있다. 이 같은 승리를 노래하는 유사한 초기의 찬가로서 모세의 노래(the song of Moses, 출 15:1-18)와 드보라의 노래(the song of Deborah, 삿 5:1-31)가 있다. 이 두 노래는 출애굽 홍해 사건과 가나안 왕 야빈 진멸 사건이라는 특별한 승리와 관련되어 있다. 따라서 시편 29편도 어떤 승리를 기념하기 위한 특별한 축제 때 사용하기 위해 만들어 진 것으로 보는 데 무리가 없다.

본문 각 절의 주석

[29:1] "너희 권능 있는 자들아"

이들은 누구인가? 원어를 문자적으로 직역하면 "신들의 아들들"(בְּנֵי אֵלִים)이다. 마소라 본문에 따라 표기된 영어 성경을 수정한 TANAKH는 "신의 존재들"(O divine beings)로

12) Peter Craigie, *op. cit.*, 328.

번역하였다. 그리고 The New English Bible은 그냥 "너의 신들"(you gods)로 지칭하고 있다. 개역 성경은 "권능 있는 자들"로, 공동 번역은 "하나님을 모시는 자들"로, 표준 번역은 "하나님을 모시는 권능 있는 자들"로, RSV는 "천상의 존재들"(O heavenly beings)로, LB은 "그의 천사들"(you angels of him)로 표기하였다. KJV는 "O ye mighty"로, NIV는 "O mighty ones"로 번역하고 있다. 위의 모든 번역을 종합해 보면 일단 이방 신들을 가리키는 것은 무리가 있으며, 또한 지상의 인간이나 지상에 사는 하나님의 백성을 가리키는 것 보다, 천상의 존재, 즉 영물인 천사 그룹이 하나님을 섬기며 찬양하는 것으로 보는 것이 자연스럽다. 따라서 이 시편에서 하나님의 아들들은 천상의 총회에 있는 영적 존재들일 것이다. 데렉 키드너(Kidner)는 천상의 존재들은 하나님의 아들들로 주석 하였다.[13] 이것은 시편 97:7에 나타나는 거짓 신들이 아니라 천사들에 대한 호출로 보고 있다. 그래서 이 구(句)는 여러 신들을 향해 찬양하라는 것이 아니라 천상의 영물(천사)이 적합하겠다.

"영광과 능력을 여호와께 돌리고 돌릴지어다"

이 절에 대한 이해는 시편 29편이 송영(doxology)이라는 사실을 염두에 두어야 할 것이다. 왜냐하면 9절 말미에 "영광"(glory)이라는 단어가 목소리 구조의 주제를 이루고 있기 때문이다. 메이스(Mays)에 따르면 송영은 영광에 의존하며,

13) Derek Kidner, *Psalms 1-72: Tyndale O. T. Commentaries*, (Dowers Grove, IL: IVP, 1973), 125.

영광은 두 가지 측면의 의미를 나타낸다고 설명한다.14) 첫째, 이것은 왕이신 여호와의 속성을 나타내며, 특히 시편 24:7-10에 여호와를 가리켜 "영광의 왕"으로 지칭하고 있다. 즉, 영광은 그분의 속성이자 칭호이다. 그러므로 동격의 성질을 갖는다. 둘째, 영광은 선포를 위한 용어로 지상의 여호와의 신적인 왕권을 펼치는 것이다. 일곱 번의 "여호와 목소리"는 영광의 하나님을 선포하는 것을 묘사하고 있다. 특히 9절에는 중심 주제의 결론으로 주님의 성소인 지상의 성소와 천상에서 모두가 함께 선포를 뜻하는 인식의 표현으로 "영광"이라고 말하고 있는 것이다. 메이스는 송영은 우리가 만들거나 소유한 영광을 그에게 돌리는 것이 아니라 우리가 인식한 영광을 그에게 돌리는 것으로 말하고 있다.

[29:2] "여호와의 이름에 합당한 영광을 돌리며"

여호와의 이름에 합당한 영광이 무엇인가? 그의 이름에 걸맞는 영광을 돌린다는 것은 최상의 수준이 되도록 하는 요건을 뜻할 것이다. "그의 이름의 영광"이라는 것을 연계형(連繫形)으로가 아니라 이름 형식으로서, "그의 이름이 영광스럽도다"로 읽을 수 있을 것이다. 출15:3에서는 여호와의 이름(*Yahweh shemo*)가 "그의 이름은 여호와이다"로 제시되고 있으므로 "그의 이름이 영광스러운 여호와를 찬양하라"는 번역도 가능하다.

14) James Luther Mays, *Psalms: Interpretation, a Bible Commentary for Teaching and Preaching* (Westminster John Knox Press, 1994), 136.

"거룩한 옷을 입고 여호와께 경배할지어다"

여기에는 두 가지 번역으로 나누어져 있다. 하나는 하나님의 백성들이 거룩한 옷을 입고서 여호와께 경배하는 것이며, 또 다른 하나는 거룩함의 아름다움이신 여호와께 경배하는 것이다. 개역 성경은 난외주에 "거룩한 옷을 입고"를 "거룩함의 아름다움에서"라고 표기하였다. MT, RSV, NAS는 전자의 의미로 쓰여 있으나, HS, TANAKH, KJV, NIV, NEB 등은 후자로 번역하고 있다. 그리고 LXX, 페쉬타, JB는 "그의 성소의 뜰에서"로 읽고 있다. JB는 각주를 통해 시편 11:4과 18:6에 근거하여 예루살렘 성전의 보이지는 않는 모체(母體)는 하늘 성소이므로, 그 성소에서 영물들이 여호와께 경배한다는 것이다.[15] 이 "옷"으로 번역된 히브리어 단어 "하다라"(הֲדָרָה)는 "장식"을 뜻하는 "하다르"(הָדָר)에서 나왔으며[16], MT의 영어 번역인 HS와 TANAKH조차도 아름다움이나 위엄, 광휘 등의 단어를 쓰고 있어 원어 해석이 난제에 속하는 편이다. 필자의 견해로는 1-2절의 자체가 천상에 영광을 돌리는 모습이므로 사람보다 하나님의 거룩함이 더 타당해 보인다.

---

15) *The Jerusalem Bible* (New York : Doubleday Company, Inc, 1966), 810-11.

16) Frank Moore Cross, *Canaanite Myth and Hebrew Epic*, (Cambridge, Massachusetts : Harvard University Press, 1997), 152-53. 저자는 각주 28번에서 이 옷에 대한 많은 자료들을 제시하고 있다.

[29:3] "여호와의 소리가 물 위에 있도다"

여기서부터 9절까지 "여호와의 소리"(the voice of the LORD)가 일곱 번이나 반복해서 나온다. 이 소리는 3절의 "뇌성을 발하시니"라는 묘사를 볼 때 천둥소리이다. 시편 68:33에 "옛적 하늘의 하늘을 타신 자에게 찬송하라 주께서 그 소리를 발하시니 웅장한 소리로다"라는 내용 가운데, "웅장한 소리"가 천둥소리이다. 천둥소리는 곧 하나님의 위엄을 나타낸다. 1-2절이 천상에서의 찬양 대상이 이제 소리로 변하여 지상으로 강림하시는데, 그 소리가 물위에 계신다. 이는 바다 위에 내리는 폭풍으로 변한다. 가나안이나 우가릿 종교에서 바다는 많은 물들의 신이며 혼돈의 신을 의미한다. 이것을 질서의 신인 바알이 정복한다고 믿는다. 시편 기자는 이런 것을 염두에 두고 실제로 많은 물을 정복하시는 이는 바알이 아니라 여호와임을 노래하는 것이다. 크레이기의 강조처럼 가나안의 날씨인 바알과 관련된 언어와 이미지로 표현된 여호와에 대한 찬양은 패배한 원수들, 즉 가나안 인들의 연약한 신을 조롱하고 있다는 점을 밑그림으로 그리고 있는 것이다.

"영광의 하나님이 뇌성을 발하시니"

하나님의 속성이 다른 존재에게 체험될 수 있도록 드러난 그 영광의 하나님이 뇌성을 발하신다. 이때의 뇌성은 천둥소리이며 그의 능력과 위엄이 대리 매체를 통해 느껴진다.

"여호와는 많은 물 위에 계시도다"

여기에서 "여호와의 소리"가 "여호와"로 축약, 전환된다. "여호와의 소리"가 "여호와"로 전환하는 것은 본래 소리가 여호와와 동격의 의미를 가지고 있었기 때문이다. 앞 연에서의 "물"이 이제 "많은 물"이 되었다. 예레미야 10:13에 "그가 목소리를 발한즉 하늘에 많은 물이 생기니 그는 땅 끝에서 구름이 오르게 하시며 비를 위하여 번개 하게 하시며 그 곳간에서는 바람을 내시거늘" 라는 구절과 이 시편 구절이 비슷하다. 따라서 이 많은 물은 지중해와 같이 깔려있는 물이라기보다는 창조시에 있었던 궁창의 물[17], 즉 자연과 우주를 생성하시고 주관하시는 하나님의 권능을 보다 생생하게 묘사하는 것으로 이해된다.[18] 또한 시편 18:16에 나타난 "많은 물"은 문맥을 보아 노아 홍수나 출애굽의 홍해 같은 역사적인 사건을 가리킬 수 있다. 구약의 물 모티브(water motif)는 창세기 1: 2의 "하나님의 신이 수면 위(the face of the water)에 운행하시니라"로부터 시작되어 노아 홍수, 에스겔 47장의 새 성전에서 나오는 물과 요한계시록 22장의 생명수 강까지, 길게 관통하고 있다. 드보라의 노래(삿 5:1-31)에도 물의 모티브가 등장한다. 드보라의 노래에서 물과 관련되어 나오는 구절은 모두 5 곳인데, 이 가운데 폭풍을 동반하고 나오시는 여호와의 모습을 볼 수 있다(4절). 폭풍을 동반하고 나타나신

---

17) F. F. Bruce, *The International Bible Commentary* (Michigan Grand Rapids : Zondervan Publishing, 1986), 576.

18) Franz Delitzsch, *Biblical Commentary, The Psalms* (Michigan Grand Rapids : Wm. B. Eerdmans Publishing Company, 1970), 369.

여호와께 폭우를 내리시며 가나안 군인들을 쓸어버리신다(21절). 이런 점을 볼 때, 많은 물에 계신 여호와는 적(혼돈)을 정복하시는 모습이다. 이는 또한 "많은 물 위에 앉은 큰 음녀를 심판"(계 17:1)하시는 모습이다. 여호와의 능력은 많은 물 소리와 바다의 큰 파도보다 위대하시다(시 93:4). 일반적으로 물은 정결케 하는 제의적 상징적 의미와 생명의 필수 요건으로써 축복과 구원을 말하나, 이 절에서 다루고 있는 물은 혼돈과 정복할 대상이다. 이사야 17:13에는 많은 물을 "many people" 혹은 적국들로 묘사한다.[19]

[29:4] "여호와의 소리가 힘 있음이여
여호와의 소리가 위엄차도다"

여호와의 소리가 힘과 위엄을 내고 있다. 폭풍이 점점 가까이 와서 더 강하게 울려 퍼진다. 힘과 위엄이 평행을 이루면서 위엄이 힘을 수식하여 위엄이 있는 힘이 여호와의 소리임을 강조한다.

[29:5] "여호와의 소리가 백향목을 꺾으심이여
여호와께서 레바논 백향목을 꺾어 부수시도다"

레바논의 백향목은 거만함과 자만함을 상징한다(사 2:13). 또한 이것은 번성함과 안정된 것을 나타낸다(시 92:13; 104:16). 레바논 산은 가나안 북쪽에 있다. 시편 기자가 레바논

19) *The Happer Collins Bible Dictionary* (New York, 1996), 1201.

산과 백향목을 묘사 도구로 사용하는 것은 가나안적인 힘과 능력을 상징하는 것이며, 여호와의 능력과 비교할 때 그러한 능력의 상징들이 오히려 연약한 것에 지나지 않음을 보여 주고 있다. 백향목을 "꺾다" 동사는 피엘형에서 결과적 용법이므로 깨어지게 된 모습을 드러낸다. 주님의 능력 앞에는 레바논의 높고 강한 백향목도 썩은 나무처럼 되어 버리는 것이다.

[29:6] "그 나무는 송아지같이 뛰게 하심이여 레바논과 시룐으로 들송아지 같게 뛰게 하시도다"

초막절 노래로 알려진 시편 114편에 산들이 수양같이 뛰놀며 작은 산들이 어린 양같이 뛰노는 모습이 나온다. 출애굽을 보고 놀란 바다가 도망하고 요단은 물러가고 크고 작은 산들이 마치 놀란 수양 모습같이 어린 양같이 뛰논다고 묘사하고 있다. 이 시편 구절도 비슷하다. 하나님의 소리 때문에 레바논 산맥도 놀라서 뛰게 된다. 뛴다는 것은 천둥소리에 놀라 두려워서 뛰는 것이다. 천둥은 하나님의 절대적 주권을 상징한다. 즉 천둥이 심판을 초래하며 두려움과 복종심을 불러일으키기 때문이다(출 9:23; 9:29).[20] 신명기 3:9에 의해서 페니키아 사람들이 헐몬산을 시룐으로 불렀다.[21] 따라서 레바논과 헐몬 산은 우가릿 본문에서도 자주 평행을 이루고 있어 가나안적인 배경을 이용한 것으로 보인다. 여기서 송아지

20) 가나안의 천둥 신인 바알의 거짓 선지자들과 엘리야의 싸움에서 번개와 천둥을 일으키고 비를 내림으로써(왕상 18:45) 그 상황의 요구를 충족시키고 실현시킨 이는 바로 하나님이시다.

21) 개역 성경은 "헤르몬"(신 3:9)과 "헐몬"(시 133:3)으로 표기하나 같은 지명이다.

와 들송아지는 야성적인 동작으로 발전해 가는 것을 강조하기 위해 한 이미지를 점진적으로 표현한 것으로 볼 수 있다.

[29 : 7] "여호와의 소리가 화염을 가르도다"

화염(火焰)의 문자적 의미는 불꽃이다. 번개의 영상을 그리고 있다. 번개가 갈라지거나 나누어지거나 베어 쓰러뜨리거나 번쩍거리는 모습을 나타낸다. 영어 성경은 "strikes"(NIV), "divideth"(KJV) "flashes"(RSV) "hewth"(HS) 등 다양하게 표현되고 있다.

[29 : 8] "여호와의 소리가 광야를 진동하심이여 여호와께서 가데스 광야를 진동하시도다"

주님의 소리가 광야, 구체적으로 가데스 광야를 가리킨다. 이 가데스(קדש)는 사해 및 네게브에 있는 Kadesh-barnea가 아니라 Orentes강과 레바논과 인접한 사막인 것 같다. 왜냐하면 본 시편이 레바논을 언급하고 있기 때문에 이 일대로 보는 것이 자연스럽다.[22] '가데스'를 형용사로 보면 '거룩한 광야'이지만 여기에서는 지명화된 고유명사로 보아야 한다. 시인은 흔들리는 광야의 영상을 포함함으로 지진을 연상케 한다. 이것은 주님의 소리가 위엄에 차 있음을 나타낸다. 광야는 영어로 'widerness', 'desert,' 'steppe'을 사용하고 있다. 이

22) Cf. *Oxford Bible Atlas* (New York : Oxford University, 1984), 54.

것은 나무 없는 대초원으로, 강과 산의 인접성을 고려한 세밀한 단어 선택으로 보여진다. 진동은 땅을 떨게 한다. 여기서 한 가지 연상되는 장면은 시내 산에 여호와께서 강림하실 때 온 산이 크게 진동했다는 사실이다(출 19:18). 여호와의 임재 현상이다. 그래서 시편 29편을 시내산을 배경으로 해석하는 측면도 있다. 즉 시내 산 계시의 재해석으로 보는 것이다. 시편 29편 전체를 시내 산 배경의 해석으로 보기에는 미흡하지만 여호와의 임재 현상의 측면에서는 같은 배경을 갖고 있다.[23]

[29:9] "여호와의 소리가 암사슴으로 낙태케 하시고 산림을 말갛게 벗기시니 그 전(殿)에서 말하기를 영광이라 하도다"

암사슴(אַיָּלוֹת)은 상반 절에서 두 가지 해석으로 나뉜다. 뇌성과 번개에 암사슴들이 놀라 낙태하는 의미와 번개를 맞아 상수리나무가 꺾이는 모습이다. 전자는 뇌성과 번개소리에 사슴이 놀라 낙태할 정도의 위엄을 나타내며, 후자는 중반 절의 산림을 말갛게 벗기는 앞 단계의 과정으로 번개에 상수리나무가 꺾이는 것이 너무 자연스럽다. 이렇게 해석이 나누어지는 것은 읽는 독법에 따라 자음본문이 "큰 나무들" "상수리나무들"의 뜻이기 때문에 모음표기를 하면 "makes the oaks bend"나 "the writhing of the hinds"로 읽혀지기 때문이다. 문맥적인 측면에서는 절의 평행으로 보면 '상수리를 꺾

23) 여호와의 가시적 임재 현상은 겔 1:4의 "폭풍"과 "큰 구름"이 몰려오는 것과도 일맥상통한다.

다'가 자연스러우나 욥기 39:1의 표현과 너무 흡사함으로 '암사슴이 새끼를 낳다'는 번역이 더 근접성이 있다. 『*Hebrew English Biblical Dictionary*』도 암사슴으로 번역하고 있다.[24] 따라서 암사슴들이 뇌성과 번개에 놀라 새끼를 더 빨리 낳는 상황을 연출시키고 있다. 한편 문맥적인 측면에서는 상수리나무들이 번개를 맞아 꺾이므로 산림이 말갛게 벗기는 것이 더 잘 어울린다. 그러나 "산림을 말갛게 벗기시니"도 암 양들이 막 태어나는 것으로 본 시편의 개역성경이 난외주를 달고 있어 문자적 측면이 더 지지를 받는 것 같다. 하반 절의 그 전(殿)에서 말하기를 "영광이라 하도다"는 이 시에서 묘사 전환과 함께 절정을 이루고 있다. 1절의 "영광과 능력을 여호와께 돌리라"와 2절의 "여호와의 이름에 합당한 영광을 돌리며"라는 것은 천상에 속하는 자들에게 하는 말이다. 이제 이에 대한 응답이 나타난다. 천상의 존재들이 여호와의 행하심을 보고 그 권능에 합당한 이름인 "영광"이라고 소리친다. 여기서 만약 11절의 여호와께서 자기 백성에게 힘과 평강의 복을 받는 수여자들이 찬양하는 영광이면, 이 전(殿)은 지상의 성전일수도 있다. 지상 성전의 모형은 하늘 성전이므로(히 8:5) 지상 성전도 가능하나, 1-2절에 대한 결과로서는 하늘 성전이 일차적으로 더 가깝다. 한편 여기서 영광이라고 외치는 자들은 일반적인 천사라기보다 스랍(seraph)들로 볼 수 있다. 이사야 6:1-5에 거룩하다고 외치는 자들은 보좌에 앉으신 주님을 모셔 서있는 스랍들이다. 그러나 개역 성경의 번역이 그 전(殿)에서라고만 한 것은 그 성전에 모든 것이라는 것을 인

---

24) 이 단어는 기본적으로 산고(産苦)를 겪거나 여자나 아내에 대한 애무(잠 5:19)를 담고 있다.

지하고 있는 증거다. 키드너도 특정 스랍보다 성전에 있는 모든 것(everything in the temple)을 지지하고 있다.[25)]

[29:10] “여호와께서 홍수 위에 좌정하셨음이여 여호와께서 영영토록 왕으로 좌정하시도다”

주님의 목소리가 주님으로 다시 전환해서 홍수위에 좌정하셨다. “홍수위에”(לתלבו), 여기서 전치사 ל는 לע(“위에”) 의미를 가진다.[26)] 이 홍수는 ‘많은 물’이 아니라 ‘마불’(לובו מ)이다. 마불은 창세기 6:17; 7:17의 노아 홍수 때 사용되었다. 실제로 홍수보다 더 무서운 것은 이 지상에 없다. 자연계의 불은 지형적인 한계가 있지만 홍수는 모든 것을 삼켜 버린다. 여호와께서 그런 홍수위에 좌정 하신 것은 그 홍수를 지배하는 분임을 나타낸다. 그렇기 때문에 왕으로 영원토록 천상과 지상을 다스리는 것이다. 여호와께서는 일반적으로 혼돈의 세력과 혼돈의 정복자인 바알에 대한 승리를 나타낸다. 하나님의 권능은 가나안 원수들이 알고 있는 가장 큰 권능의 신보다 훨씬 더 위대함을 시인은 노래하고 있다. 다후드(Dahood)는 하늘의 신이며 비의 신인 바알과, 바다와 지하수의 신인 얍과의 투쟁 모티브를 나타낸다고 주장하지만[27)]이러한 해석만으로는 부족하다. 투쟁을 거쳐 이제 진정한 정복과 승리한 모습으로 보아야 한다. 여호와는 노아 홍수의 그때만

---

25) Derek Kidner, *op. cit.*, 127.

26) Cross, *op. cit.*, 155, n. 42.

27) Mitchell Dahood, *The Anchor Bible “Paslms 1. 1-50* (New York: Doubleday, 1966), 175.

아니라 영원한 왕으로 좌정하시기 때문에 그 분만이 심판의 주재자이심을 다시 인식시키고 있다.

[29:11] "여호와께서 자기 백성에게 힘을 주심이여 여호와께서 자기 백성에게 평강의 복을 주시리로다"

무엇을 줄 수 있는 자는 줄 수 있는 힘이 있어야 한다. 여호와는 천상과 지상을 다스리는 왕으로 좌정하신 분이다. 그 분이 이제 자기 백성에서 힘과 평강의 복을 주시는 것이다. 상반절 "힘"으로 번역된 עֹז는 동음이의어(同音異意語)다. 어근 עוֹז에서 파생한 '오즈'는 "보호"와 "능력"을 뜻한다. 힘과 평강에는 능력 부여자의 보호 의미가 담겨져 있음으로 양자 사용이 가능하다. 힘과 평강의 복은 10절의 승리에서 예견된 암시적인 언어이다. 승리의 결과로서 여호와께서 그의 백성에게 보호와 평강을 주시는 것이다. 11절은 "주시리로다"라는 기대의 확신으로 끝나고 있다. 공동번역은 "여호와와 백성들아 그에게서 힘을 얻고 축복 받아 평화를 누리리라"고 명령형으로 번역하였다. 이 절에 대해 KJV는 will을 사용하여 미래형으로, RSV는 May를 사용하여 기원형으로, NIV는 현재형으로 사용하였다. 4가지의 번역이 다 가능하나 시인의 기대의 확신으로 볼 때 미래적 기원을 담은 개역성경의 "주시리로다"가 적절한 번역으로 보인다.

III

여호와의 소리에 대한 신약에서의 의미는 무엇인가? 계시록 10:3-4에 의하면, "사자의 부르짖는 것같이 큰 소리로 외치니 외칠 때에 일곱 우레가 큰 소리를 발하더라"라는 구절이 있다. 힘센 천사가 소리를 지를 때 일곱 우레가 들렸다. 시편 29편에도 여호와의 소리가 일곱 우레로 나타난다. 시편의 우레는 천둥과 번개와 지진이며, 요한 계시록은 번개와 음성들과 뇌성과 지진과 큰 우박이다(계 11:19). 이는 여호와의 영광이 지상에 임할 때에 일어나는 현상들이므로 비슷한 배경을 갖는다. 따라서 요한계시록 10:3의 일곱 우레는 시편 29편의 일곱 번의 여호와의 목소리와 비슷하나, 요한계시록의 배경이 되었는지는 불분명하다. 왜냐하면 신약 성경에 시편 29편에 대한 분명한 언급을 찾아볼 수 없기 때문이다. 시편 29편은 주현절(Epiphany) 다음 주일 시편으로 종종 사용되는데, 이는 예수님의 세례에 관련하여 하늘로서 하나님의 목소리가 들렸기 때문이다(마 3:16-17).

우리는 시편 29편을 통해 어떤 결론을 내릴 수 있는가? 호세아 2:8에 "곡식과 새 포도주와 기름은 내가 저에게 준 것이요 저희가 바알을 위하여 쓴 은과 금도 내가 저에게 더하여 준 것이어 늘 저가 알지 못하도다"고 지적한다. 여기에 "저"는 이스라엘 백성이다. 자연의 지배자는 바알이 아니라 하나님이시라는 사실을 일깨우며 회개를 촉구하는 내용이다. 가나안 땅에 사는 이스라엘 백성들마저도 바알이 수확과 생존을 지배하는 폭풍과 비의 신이라고 생각하였다. 그만큼 바알을 섬기는 가나안의 우상 문화가 이스라엘 백성에게 깊숙이 스며 있는 것이다. 다윗은 여호와만이 참 하나님이시고, 그분에게만이 구원이 있음을 믿었다(시 3:8). 거룩한 전쟁을 치르시는 여호와는 용사이시기 때문에(출 15:3) 그분의 전투는 곧 승리를 의미한다. 이런 이미지가 혼돈을 정복하시고 많은 물위에 앉으신 여호와의 목소리다. 이 승리의 환호가 영광이다. 이런 점에서 이 시편의 수제는 "영광의 하나님"이다.[28] 그래서 1-2절은 높은 곳에서 주님께 영광(gloria in excelsis Deo)으로 시작하여 11절에서는 평화(pax in terris)로 끝을 맺고 있다.[29] 이 시는 하늘의 영광이 지상에 진정한 왕권을 행사한 뒤 모든 것을 정복함으로 자기 백성에게 평강을 주시는 여호와의 권능을 찬양하는 시이다. 시편 29편은 자연의 모든 세력이 여호와 앞에 무릎을 꿇는다는 사실을 가장 분명하게 보여주고 있다. 이 시편은 참된 신을 노래하는 정복과 "승리의 찬송시"다. 이 승리는 만군의 여호와의 위엄과 힘과 능력이 거짓의 바알을 정복하고 있는 전투적인 모습으로 나타난다. 오늘날 여호와의 목소리는 사탄을 정복하시는 영광의 하나님이시다. 동시에 이 목소리는 그 영광의 하나님에 앞에 청종하는 순종을 의미한다. 여호와의 목소리는 구약의 시대뿐 아니라 오늘날도 여전히 청종과 순종을 요구하신다.[30] 여호

---

28) Mays는 그의 시편 29편의 주석에서 제목을 "The God of Glory"로 붙였다.

29) Franz Delitzsch, *op. cit.*, 373.

30) 구약에서 여호와의 목소리가 나올 때는 거의 청종을 요구하실 때다(삼상 12:15; 15:19; 15:20; 28:18; 사 30:31; 렘 3:25; 7:28; 26:13; 38:20; 42:6; 43:4; 43:7; 44:23; 단 9:10; 학 1:12).

와의 소리는 양을 부르시는 목자의 음성(요 10:27)이며, 이제 주님의 영이신 성령이 마음에 전하는 미세한 음성이며, 거룩한 생활을 인도하는 하나님 말씀이다. 우리는 언제나 여호와의 소리를 들어야 한다(시 95:7).

원문 강해: 종의 노래
사 53:1-12

김하연 (Ph. D.)

1우리의 전한 것을 누가 믿었느뇨 여호와의 팔이 뉘게 나타났느뇨?
2그는 주 앞에서 자라나기를 연한 순 같고 마른 땅에서 나온 줄기
같아서 고운 모양도 없고 풍채도 없은즉 우리의 보기에 흠모할 만
한 아름다운 것이 없도다. 3그는 멸시를 받아서 사람에게 싫어 버린
바 되었으며 간고를 많이 겪었으며 질고를 아는 자라 마치 사람들
에게 얼굴을 가리우고 보지 않음을 받는 자 같아서 멸시를 당하였
고 우리도 그를 귀히 여기지 아니하였도다. 그는 실로 우리의 질고
를 지고 우리의 슬픔을 당하였거늘 우리는 생각하기를 그는 징벌을
받아서 하나님에게 맞으며 고난을 당한다 하였노라. 5그가 찔림은
우리의 허물을 인함이요 그가 상함은 우리의 죄악을 인함이라 그가
징계를 받음으로 우리가 평화를 누리고 그가 채찍에 맞음으로 우리
가 나음을 입었도다. 6우리는 다 양 같아서 그릇 행하며 각기 제 길
로 갔거늘 여호와께서는 우리 무리의 죄악을 그에게 담당시키셨도
다. 7그가 곤욕을 당하여 괴로울 때에도 그 입을 열지 아니하였음이
여 마치 도수장으로 끌려가는 어린 양과 털 깎는 자 앞에 잠잠한
양같이 그 입을 열지 아니하였도다. 8그가 곤욕과 심문을 당하고 끌
려갔으니 그 세대 중에 누가 생각하기를 그가 산 자의 땅에서 끊어
짐은 마땅히 형벌 받을 내 백성의 허물을 인함이라 하였으리요. 9그

는 강포를 행치 아니하였고 그 입에 궤사가 없었으나 그 무덤이 악
인과 함께 되었으며 그 묘실이 부자와 함께 되었도다. [10]여호와께서
그로 상함을 받게 하시기를 원하사 질고를 당케 하셨은즉 그 영혼
을 속건제물로 드리기에 이르면 그가 그 씨를 보게 되며 그 날은
길 것이요 또 그의 손으로 여호와의 뜻을 성취하리로다. [11]가라사대
그가 자기 영혼의 수고한 것을 보고 만족히 여길 것이라 나의 의로
운 종이 자기 지식으로 많은 사람을 의롭게 하며 또 그들의 죄악을
친히 담당하리라. [12]이러므로 내가 그로 존귀한 자와 함께 분깃을 얻
게 하며 강한 자와 함께 탈취한 것을 나누게 하리니 이는 그가 자
기 영혼을 버려 사망에 이르게 하며 범죄자 중 하나로 헤아림을 입
었음이라 그러나 실상은 그가 많은 사람의 죄를 지며 범죄자를 위
하여 기도하였느니라 하시니라.

이 본문은 종의 노래라고 불려진다. 여호와 종(에베드 아도나이)인 예수그리스도의 모습이 어떠했는지를 잘 보여 주는 노래이다. 그러므로 이 노래를 통하여 우리는 그의 모습을 보고 그를 닮아갈 방향을 알게 된다. 종의 노래는 이사야서에 네 군데 나는데 이곳들에선 주의 종 (עבד יהוה 에베드 아도나이)의 행할 일과 그의 인격에 대하여 예언된다.

42:1-9 자비와 공의를 베푸는 주의 종, 그는 언약과 빛이시다.

49:1-9 이스라엘에 구원을 이룰 주의 종, 높아질 주의 종에 대하여

50:4-11 주의 종의 지혜와 순종

52:13-53:12 주의 종의 고난과 승귀

"에베드 아도나이"란 그 명칭 자체가 보통 사람은 이미 아닌 것을 말해 준다. 에베드 아도나이가 개인으로 쓰일 때, 성경은 대부분 모세를 지칭했다.[1] 그의 역할이 바로 이스라엘

1) 수 1:1, 13, 15; 8:31, 33; 11:12, 12:6; 13:8; 14:7; 18:7; 22:2,

의 구원자로서였다. 그러므로 이사야에 나오는 이 종이 누구인가를 밝히는 것은 유대인들의 입장에서나 기독교인들의 입장에서나 초유의 관심일 수밖에 없다.

유대인들은 이 '에베드 아도나이'을 몇 가지 견해로 보고 있다.

1) 먼저, 이 에베드 아도나이를 집합 명사로 보고 이것이 "암 이스라엘", 곧 이스라엘 민족으로 보기를 원한다 (라브쿡 주석).2)

2) 어떤 학자는 이 에베드 아도나이는 노래하는 선지자 이사야 그 자신일 수 있음을 주장한다 (올람 하 타낙, prof. 예이르 호프만, Tel Aviv Univ.).3)

3) 혹은 이 종은 52장에 언급되어 암시되는 제사장으로 동일

4, 5, 왕하 18:12 ; 대하 1:3 ; 24:6.

2) 사 49:3에서 "너는 나의 종이요 내 영광을 나타낼 이스라엘이니라"의 표현이 그러한 해석의 근거로 생각한다. 이스라엘의 고통, 포로로 잡혀감, 그리고 다시 돌아옴, 그 후에 드디어는 영광을 찾는 이스라엘을 마치 오늘 본 장의 종의 고난과 그의 회복에 연결시키려하고 있다. 그러나 그렇게 보기에는 문제가 있다. 구약 히브리어 성경에 에베드(종)의 단수형이 집합적인 의미로 쓰인 적이 없고, 이사야 53장의 이 시를 아무리 읽어봐도 이 종은 어느 개인을 의미하지 결코 어느 민족 단위를 이야기 하지 않는다. 그리고 이종의 행하는 일을 볼 때, 이스라엘은 자기 죄를 인해서 고난을 받았지만, 이 종은 의로운 자이고, 우리 무리의 죄 (이스라엘?)를 대신 짊어지시는 분이셨다. 그는 강포를 행치 아니하였고, 그 입에 궤사가 없었다고 했는데 (53:9), 이스라엘 민족으로 볼 때는 그렇게 연결될 수가 없기 때문이다. 반대로 이스라엘 백성 그들은 온통 하나님을 반역하는 역사가 가득하지 않은가?

3) 그러나 본문에 나오는 종은 악인 사이에서 죽어서 부자의 묘실에 묻히고 그리고 그가 다시 살아나며, 그래서 자신의 한 일을 보고 만족한다고 했는데(5:9-11) 이사야 선지자가 그렇게 죽고 묻혔는지 증거도 없고, 그리고 죽었다가 부활한 적이 없다. 그리고 이사야가 이스라엘의 구원자였는가?

시하기도 한다.[4]

그러나 위의 내용들은 여러 가지 이유에서 진실로 증명될 수 없다. 이 여호와의 종은 예수 그리스도밖에 없다.

하나님 그 자신이신 예수 그리스도, 그가 바로 이스라엘의 구원자요, 고난의 종이요, 모세가 예언한 바로 그 선지자요, 사 53절에서처럼 많은 사람을 위해 자신을 고난에, 죽음에 내어 준바 되었다가 다시 살아나실 그분이신 것이다. 이사야보다도 더 뛰어난 분, 양의 피로 자신을 정결케 하는 대제사장보다도 더 거룩하신 분, 영광을 받으실 분 그는 예수밖에 없으시고, 무덤에 들어가 죽고, 또 살아나셔서, 자신의 하신 일을 만족스럽게 보실 그분은 오직 예수 그리스도 한 분밖에 없으시다. 이제 살펴보게 되겠지만, 이 본문은 신약에 예수 그리스도에 관한 사건들에 하나하나 검증된 내용들이다. 고로 우리는 그에게 초점을 맞추어서 이 본문을 생각해 보아야 한다. 그리고 이 본문을 통하여서 이사야에 나타난 **예수는 누구이신가** 하는 문제를 심각하게 생각하고 또한 닮아가도록 노력해야 할 것이다.

---

4) 이러한 이들은 52:11 "여호와의 기구를 메는 자여 스스로 정결케 할지어다"를 그 증거 구절로 사용한다. 여호와의 기구를 메는 자란 표현이 마치 에베드 아도나이가 제사장의 가문이나 후손을 암시 할 수 있을지는 모르나, 바로 같은 절에 "스스로 정결케 할지어다"란 표현은 이러한 주장을 일축한다. 즉 그는 자기 스스로의 죄를 정결하게 해야 할 보통 제사장을 지칭 하는 것이다. 그러나 에베드 아도나이 완전하다(53 : 9). 또한 에베드 아도나이는 자기 영혼의 수고한 것을 보고 만족히 여길 것이라 (53:11)고 했으니 죽음에서 부활한 것을 의미하는데, 보통 제사장은 자기 자신도 구원 못할 이임이 분명하고, 또한 부활하지도 못하는 것이다.

1. 그분은 보기와는 다르다 (1-3절)

"우리의 전한 것을 누가 믿었느뇨 여호와의 팔이 뉘게 나타났느뇨"(53:1).

여호와의 팔은 하나님의 능력을 말한다. 그래서 성경의 여러 곳에서는 이 하나님의 팔로 인한 구원의 역사를 나타내는 곳이 자주 언급되는 것이다.[5] 고로 하나님의 팔은 바로 하나님의 임재와도 깊은 연관이 있고, 항상 공의와 심판 그리고 하나님의 궁극적인 심판과 승리가 실현되는 현장을 생각하게 한다.

그런데 53:2에서 그의 모습이 아주 약한 듯이 힘없는 듯이 마른 땅의 뿌리같이-햇빛만 나면 금방 스러질 약한 풀같이, 자라나게 됨을 보여준다. 53:2의 이 연약한 종은 바로 1절의 여호와의 팔과 깊은 연관을 갖게 되는데, 즉 여호와의 팔은 2절의 주어가 되어야 한다.[6]

---

5) זרוע יהוה(즈로아 아도나이=주의 팔), זרוע נטויה (즈로아 네투야=펴신 팔) : 신 4:34; 5:15; 7:19; 9:29; 11:2; 사 44:12; 사 51:9 등).

6) 53:2a "(그는) 그 앞에(어떤 사본엔 '우리 앞에') 자라나는 연한 풀 같고"[직역]. 2절은 주어가 누구인지 밝혀져 있지 않다. 2절의 처음 동사 동사 '야알레(자라났다)'는 3인칭 단수, 남성 형을 받고 있다. 그런데 이 동사의 선행 주어가 있어야 하는데 2절 안에 없으므로 그것은 앞 절에서 찾아야 한다. 1절에서 2절의 주어가 될 만한 낱말들은 '우리', '여호와의 팔', 그리고 '누가' 가 될 수 있다. 그런데 1절의 문장 구조를 보면, 우리의 전한 것과 여호와의 팔은 대구를 이루고, 누가 믿었느냐와 누구에게 나타났느냐가 또한 대구를 이룬다. 문맥상 믿지 않는 누구이나, 또는 전하는 우리(복수)가 2절의 주어가 될 수가 없다. 2절의 주어는 고로 우리의 전하는 대상 곧 즈로아 아도나이(주의 팔)인 것이다. 참고로, 즈로아(팔)이란 낱말은 보통 여성으로 정의되지만, 그러나 때로 남성으로 취급될 때도 있다(사 33:2;

바울이 롬10:16에서 "우리의 전한 것을 누가 믿었나이까?"라고 말할 때, 그는 예수 그리스도에 대하여 언급하면서 그는, 정확히 사 53:1의 말씀을 상기 시키고 있는 것이다. 즉 1세기 때의 바울의 구약 이해는 우리의 전한 것, 곧 여호와의 팔이 예수 그리스도임을 나타내 주는 분명한 증거다. 그는 이 절을 이해하고 증거 할 때, 구원의 팔 예수그리스도와 그의 복음을 사람들은 믿지 않았다고 증거한다. 특히 유대인은 표적을 (뭔가 영광스러운 것들)을 구하기 때문이다(고전1:22). 이렇게 1-2절을 연결하고 나면, 특이 한 모습이 보이기 시작하는 게 그것은, 이 여호와의 팔(주의 팔)에게 어떤 영광스러운 모습도 없다는 것이다. 그는 오히려 사람들에게 무시 받고(נבזה 니브제, 3절), 거절당하고, 그는 슬픔과 고통의 사람이 되었다 (איש מכאבות 이쉬 마크오봇). "그는 질고를 아는 자라(ידוע חלי 야두아 홀리, 좀더 문자적으로, 그는 질고에 익숙한 자라, 또는 그는 질고에 알려진 자라"[7] 등의 표현들은 이점을 분명하게 해 준다. 심지어 사람들은 그의 앞에서 얼굴을 가리었다고 한다. 마치 그가 문둥병자라도 걸려서 부정한 자라 멀리해야 하는 사람인 것처럼 말이다.[8] 그러나 본 장의 문맥을 통해서 살펴보면, 이 에베드 아도나이가 겪을 질병의 문제는 그가 우리의 영적, 육체적 죄를 짊어지신 자임을 말한다.

51:5).

7) 이 구절은 한국말 번역에 여러 가지로 논란이 많이 되었던 구절이다. 참고: 표준 새 번역, "그는 언제나 병을 앓고 있었다."

8) 바벨론 탈무드 산헤드린에 보면, 메시야는 문둥병자여야 한다고 한 기록이 있다(산헤드린 11).

사 1:5-6에서 하나님은 이와 같은 유사를 사용한다.
"너희가 어찌하여 매를 더 맞으려고 더욱더욱 패역하느냐? 온 머리는 병들었고 온 마음은 피곤하였으며, 발바닥에서 머리까지 성한 곳이 없이 상한 것과 터진 것과 새로 맞은 흔적뿐이어늘…"

여기에서도 표현은 질병에 관한 그리고 외상에 대한 것이지만, 그 의미는 영적 죄악으로 인하여 하나님께서 징계하신 모습을 나타내 주는 것이다. 그러므로 사 **53:3**에서 '질고를 아는 자'의 의미는 마치 큰 질병에 걸려서 (문둥병같이 부정하게 여겨지는 질병) 사람들에게 외면당하는 사람처럼 취급당하는 모습의 메시야를 나타낸다고 할 수 있다. 그는(마치) 더러운 질병에 걸린 것처럼 사람들이 그 얼굴을 그 앞에 가리는 외면당하는 사람으로서의 메시야를 언급하는 것이다. 어쨌든 이러한 모습은 예수 그리스도의 모습을 보여 준다. 예수 그리스도의 나심은 바로 이와 같았다. 베들레헴의 구유 출신, 애굽으로의 도망, 가난한 집, 무시 받는 이방의 땅이라 불리는 갈릴리 출신 등등. 나다나엘도 "나사렛에서 무슨 선한 것이 나겠느냐?"라고 하지 않았던가? 그를 멋지게 만들어 줄만한 것은 아무것도 없었다.

영광의 팔의 하나님의 구원의 팔의 모습과는 너무나 기대치와 멀다. 십자가에 이르기까지 사람들에게 무시 받고, 버림받고, 사람들이 그 앞에서 얼굴을 가리었다. "나는 벌레요 사람이 아니라, 훼방거리요 백성의 조롱 거리이니이다"(**시 22:6**). 바로 정확히 예수 그리스도의 모습인 것이다. 그의 십자가상의 모습은 이것을 보여 준다. 엘리 엘리 라마 사박다니(**마 27:46**),[9] 그는 적어도 우리의 죄를 대신해서 하나님께 대속의 제물이 되시고 대신의 심판을 받는 현장에서는 하나님께 버림을 받은 사람, 또는 저주 받은 사람이 되었다. 신 21:23은 나무에 달린 자는 (하나님께) 저주 받은 자로 이야기 하고 있다. 그래서 사람들이 그의 앞에서 얼굴을 가리고 보지 않으려 한다. 왜냐하면 부정한 것을 만져서는 안 되고 보이지도 않게 멀리 버려야 하기 때문이다.

이제 사 53장의 첫 세 절을 적용적 차원에서 한번 정리해 보자

왜 고난의 종, 하나님의 구원의 팔은 이런 모습으로 오셨나? 연한 순의 모습으로의 비유는 **사 11:1**에도 나온다. "이새의 줄기에서 한 싹이 나며, 그 뿌리에서 한 가지가 나서 결실할 것이요."

사 52:14에 처음에는 그의 모습이 상한 모습이어서 아무도 알아보지 못했다고 했다. 그것은 **바로 하나님의 나라가 우리 눈에 보이는 모습과 다른 것**을 연상하게 해 준다. 여호와의 팔로 하나님의 권능의 역사가 나타날 그 일이, 무시 받고 연약한 모습으로의 연한 순같이 나타나는 것이다. 그것은 바로 우리를 위한 영광의 하나님의 나라의 임재가, 예수 그리스도의 오심이, 십자가 사건과 예수 그리스도의 고난의 모습으로 임재하시게 되고, 열리게 됨은 바로 사 53:1-3부터 분명하게 보여 주는 모습이 아니고 무엇이겠는가?

---

9) 아람어 음역. 히브리어로는 시 22:1[히브리어 성경은 22:2]의 표현처럼, 엘리 엘리 라마 아자브타니, 즉 "나의 하나님 나의 하나님 왜 나를 버리셨(떠나셨)나이까"

이것이 하나님의 구원의 방법이었다. 하나님은 이렇게 우리에게 구원을 주신다. 우리의 기대치와 눈으로 보이는 부분이 아닌 것이다. 하나님의 나라는 거룩하신 이의 고난과 희생으로 우리에게 주어진 것임을 알아야 한다. 그의 멸시 당함과 미움 받음으로 그 문이 열린 것임을 알아야 한다. 사 49 : 6-7에서 바로 이스라엘을 돌아오게 할 구원자는 사람에게 멸시를 당하는 자, 백성에게 미움을 받는 자, 관원들에게 종이 된 자라고 하지 않는가?

적 용

1) 우리가 소유하고 있는 천국은 어떤 것인지 생각해 보자, 예수 믿으면 만사형통이라는 생각을 가지고 있는가? 예수 그리스도의 펴신 팔, 전능하신 능력의 팔로 모든 것을 이룰 수 있다는 그런 생각으로 출세의 무지개만을 쫒아 나가는가? 물론 주님을 믿고 천국을 소유한 자의 주변이 항상 아름답고, 향기 나고, 축복이 있는 것은 사실이다. 문제는 그게 다가 아니라는 것이다. 천국은 반드시 보기하고 같은 것만은 아니다. 주님의 받으신 고난을 통하여 우리에게 천국을 열어 주셨으니, 우리가 그 고난을 이해해야 하지 않는가? 주님께 감사하라. 그의 고난으로 우리에게 하나님 나라의 권능과 영광을 열어 주셨다.

2) 예수 그리스도의 모습은 결코 화려한 모습이 아니었다. 사람들이 부러워할 만한 모습이 아니었다. 오히려, 나를 사랑하기 위한 고난의 모습이 있었으니, 우리에게도 고난이 조금

있어야 하지 않는가? 우리 주님이 멸시 받으시고, 고난 받으심으로 우리에게 열어 주신 천국이라면, 우리도 다른 이에게 고난과 때로는 멸시를 받으면서도 천국을 소개해야 할 그런 의무가 있지 않는가?

3) 세상에서의 번쩍거림 없어도, 예수 안에는 구원의 능력의 팔이 있다. 우리가 그리스도를 닮아서, 청렴과, 겸소함과, 정직함과, 이웃을 위한 중보의 짐으로 인하여 고난이 닥친다 해도, 그런 길을, 곧 그리스도를 닮아 가는 길이라면, 두려워 말라, 내 속에 진정한 하나님의 나라의 능력, 여호와의 구원의 팔의 능력이 함께 하기 때문이다. 예수의 나라는 눈에 보이고, 추구하고 싶은, 다른 이에게 보이는 능력 있고, 멋지고, 화려한 인생이 아닐 수 있다. 아니 오히려 예수님을 닮거나, 쫒아가는 것이 출세도 아니요, 수치를 당할 수도, 사람들에게 무시 받을 수도 있다.

2. 그는 어린 양같이 입을 열지 않았다 (7절)

사 53:7 - 그가 곤욕을 당하여 괴로울 때에도 그 입을 열지 아니하였음이여 마치 도수장으로 끌려가는 어린 양과 털 깎는 자 앞에 잠잠한 양같이 그 입을 열지 아니하였도다.

WTT Isaiah 53:7 נִגַּשׂ וְהוּא נַעֲנֶה וְלֹא יִפְתַּח־פִּיו כַּשֶּׂה לַטֶּבַח
יוּבָל וּכְרָחֵל לִפְנֵי גֹזְזֶיהָ נֶאֱלָמָה וְלֹא יִפְתַּח פִּיו׃

(직역)

끌려가 고통을 받으나,

그는 입을 열지 않음이 도살자 앞에 묶여 있는 양 같고, 그리고 털 깎는 자 앞에 (경악하여) 잠잠한 암양같이, 그는 입을 열지 않았도다.

이 본문은 어린 양이 도살자 앞에서 순종하여 입을 열지 않고, 암양이 털 깎는 자 앞에 순종하는 마음으로 순하게 있는 모습을 생각하면 안 된다. 우리는 암양(רחל)에게 사용된 נֶאֱלָמָה 란 단어를 통해서 좀 더 구체적으로 살펴보자. 이 단어는 '잠잠하다'란 뜻일 때, dumb의 뜻인데 이것은 쇼크나 공포 또는 분노로 인해서 말 할 수 없는 상태를 말한다. 고로 이것은 양의 순함으로가 아닌, 외부적으로 인한 묶음, 또는 쇼크로 입을 못 여는 것이다. 이 단어(נאלם)가 구약의 다른 본문에서 쓰인 예들을 보면 더욱 본문에서의 의미가 분명해진다.

겔 3 : 25-26 "인자야 무리가 줄로 너를 동여매리니
네가 그들 가운데서 나오지 못할 것이라,

내가 네 혀로 네 입천장에 붙게 하여 너로 **벙어리 되어** (thou shalt be dumb) 그들의 책망자가 되지 못하게 하리니 그들은 패역한 족속임이라."

단 10:15 - 그가 이런 말로 내게 이를 때에 내가 곧 얼굴을 땅에 향하고 벙벙하였더라.

다니엘이 홀로 이상을 보았을 때 주의 사자를 보고 그의 모습이 너무 두려워서(단 10 : 5 - 6) 기절할 지경이 되었을 때 쓰인 말이다. 이러한 의미의 네엘람(네엘라마) 하는 의미, 즉

공포에 의해, 또는 외부적인 요인에 의해 잠잠할 수밖에 없는 이 모습은 예수의 재판 받는 모습에서 우리는 살펴볼 수가 있다.

몇 가지 실례를 보자.

마 26:63 대제사장들이 거짓 증인을 세우고, **온갖 종류의 죽일 거짓 증거**들을 가지고
예수께 따지고 물을 때 예수께서 잠잠하심.

막 15:5 대제사장이 **여러 가지**로 고소하고 빌라도 앞에서 대제사장의 질문에 대답 않으심.

눅 23:9 헤롯의 질문에 대답 않으심. 대제사장과 서기관들이 서서 힘써 고소하더라.

예수님의 입장은 거짓된 재판과 고소에 마치 유죄사실을 인정한 듯 대답치 않으신 것이다. 예수님이 재판의 자리에서 항상 입을 다물기만 한 것은 아니었다. 올바른 질문에는 대답하셨다.

막 15:2 빌라도가 묻기를 "네가 유대인의 왕이냐" 에 대해선 "네 말이 옳도다"라고 대답하셨다.

마 26:63 대제사장이 "네가 하나님의 아들 그리스도이냐?", 대답하시기를 "네가 말하였도다."

사 53:7에서 하나님의 종은 공포에 입을 열지 않은 것은 아니지만, 적어도 외부적인 압력과 요인에 의해서, וְלֹא יִפְתַּח־פִּיו 그는 의지적으로 입을 열지 않았다. 공포 때문은 아니라도 그에게 말 못할 다른 이유가 있었다. 우리는 이사야 선지서 본문에서는 다 이해가 힘드나, 예수에게서는 해결을 얻을 수 있다. 예수는 거짓된 질문에 대해서 "아니라" 라고 말할 수 있으셨지만, 말씀을 하실 수가 없었다. 마치 어린 양이 묶

여 또는 두려움에 혀가 말려서 할 말을 잃은 것처럼, 예수님도 어떤 힘에 의해서, 의지의 힘, 하나님의 뜻을 말할 수 가 없었다. 그것은 그가 거짓된 고소를 인정해야만 하는 것이었다. 침묵은 무언의 인정이었다. 그래서 그들의 고소가 옳기 때문에 아니라고 말할 수가 없는 것처럼, 스스로 그 입을 열지 않으셨던 것이다. 왜냐하면, 그들의 고소에 예수는 해당이 없어도 내가 해당되니까. 그렇나. 그는 거짓 고소를 어쩔 수 없이 인정해야만 했다. 우리를 사랑하셔서, 모든 고소에 대하여 우리 대신해서 심판을 받으셔야만 했으니까, 그래서 그는 입을 열지 않은 것이다. 실제로 그는 강포도 궤사도 없었던 분이시지만 선택의 여지가 없으셨던 것이다. 바로 다음절인, 사 53 : 8을 보라. “내백성의 허물을 인함이라 하였으리요.”

적 용

1) 예수 그리스도, 그는 나를 위하여 입을 열지 아니하셨다. 말할 권리를 버리셨다. 땅에서 영광을 받으실 권리를 포기하셨다. 자신의 생명을 포기하셨다. 그러므로 성도라면 주 예수를 찬양해야만 한다.

2) 무엇이 당신을 묶고 있고, 당신의 입을 막고 있는가? 두려움과, 세상의 권력과 당신의 야망이? 무엇이 당신을 묶어서 꼼짝 못하게 하고 있는가? 우리를 묶는 것, 우리를 잠잠케 하고, 우리로 참게 하는 것은 하나님의 말씀이요, 하나님의 사랑이어야 하지 않는가? 예수 그리스도가 말씀과 하나님의 사랑의 뜻에 묶여 입을 열지 아니했던 것처럼 말이다.

3. 그는 영광 받으실 하나님이시다 (12절)

몇 년 전 시중에 바이블 코드 (일명)란 책이 나와서 여러 가지로 사람들을 혼란케 한 일이 있다.[10] 그 책은 방법적인 면에서 인정하기가 어려운 책이다. 진정한 바이블 코드가 성경 안에 보인다. **성경은 바이블 코드**와 마찬가지이다. 서두에서 보았듯이 바로 이 어린 양은 예수 그리스도이자, 곧 그는 하나님 그 자신인 것을 먼저 기억해 두자. 12절은 묘한 분위기를 만들면서 이 시를 끝내고 있다.

"이러므로 내가 그를 존귀한 자와 함께 분깃을 얻게 하며 강한 자와 함께 탈취한 것을 나누게 하리니 이는 그가 자기 영혼을 버려 사망에 이르게 하며 범죄자 중 하나로 헤아림을 입었음이라 그러나 실상은 그가 많은 사람의 죄를 지며 범죄자를 위하여 (기도하였느니라) 그들의 죄를 자기에게 떨어지게 하였느니라."

---

10) 마이클 드로스닌이란 신문 기자 출신의 저자는 히브리어 구약 오경을 글자간의 간격 없이 배열하고, 일정한 법칙으로 가로 끊어 읽기 하면, 성경에 숨겨진 하나님의 비밀스런 암호를 풀 수 있다는 것이다. 그 책의 내용은, 읽어보신 분은 아시겠지만, 히브리어 성경에 세상에 있었던 그리고 있을 일, 개인에 관한 것 까지 다 예언되어 있다는 것이다. 예를 들어서, 이츠학 라빈을 글자 맞추기 판에서처럼 대각선으로 찾아지면 그 주변의 글자들 에서 다른 대각선, 또는 라인에서 살인될 자(로쩨아흐 니르짜흐) 등의 글자들이 나오므로 그 사람의 운명을 예견해 볼 수 있다는 것이다. 그는 이런 방법으로 핵전쟁 등과 그 연대 등도 예언하다시피 내놓은 것이다. 그러나 사본학적으로 볼 때 그의 방법 자체가 인정받기 힘든 방법이다. 우리가 알거니와 우리에게 전수된 히브리어 사본들은 아주 조금씩 서로 간에 차이가 나기 때문에 어떤 사본을 가지고 바이블 코드를 만드느냐에 따라서 얼마든지 그 결과가 달라질 수가 있기 때문이다. 한마디로 그 방법은 전혀 객관적으로 검증될 수 없는 것이었다.

존귀한 자로서 승리의 개선가를 울리는 장면에서 다시 그의 대속의 죽음을 이야기한다. 메시야, 하나님의 종의 이중성에 대하여 이야기 하고 있는 것이다. 그는 지극히 존귀한 자인가? 아니면 고난의 종인가? 아니면 그가 지극히 존귀한 자이면서 고난의 종인가? 종의 노래가 이사야에 몇 곳에 나온다고 언급했는데, 공교롭게도 종의 노래 곳곳에 이런 역설적인 비밀이 숨어 있는 것을 볼 수 있다.

42:1-9 부분에서 여호와의 종은 소경의 눈을 밝힌다.
7절 "네가 소경의 눈을 밝히며 갇힌 자를 옥에서 이끌어 내며, 흑암에 처한 자를 간에서 나오게 하리라."

그런데 실제로 이러한 일은 누가 하게 되는가? 사 35:5에 보면 이 일은 여호와 하나님이 오시는 날 이루어질 것이라 하였다.

49:1-9에서는 높아질 여호와의 종에 대하여 노래하고 있는데,

49:5 "나는 여호와의 보시기에 **존귀한 자**라."
여기서 '존귀한 자라' 하는 말은 **אכבדה**(에크베다, 니팔형-높아질 것이다)인데, 이는 성경에서 보통 하나님에 대하여 사용된 말이다.[11] 고로 여기 사 49:5에서도 하나님의 눈앞에 높아질 이가 누군가? 그는 하나님 그 자신 밖에 없다.

사 52:13-15 "내 종이 형통하리니 받들어 높이 들려서 **지극히 존귀하게 되리라**"

지극히 존귀한 자는 당연히 하나님에게만 적용되는 말이다. 그러므로 우리가 내릴 수 있는 또 하나의 결론은, 고난 받는

11) 출 14:4, 17, 레 10:3, 학 1:8 등, 예외는 한 곳밖에 없다. 삼하 6:22에서 다윗을 지칭한다.

예수 그리스도, 그는 바로 하나님 그 자신이셨다. 하나님, 즉 하나님이신 예수, 그가 자기 백성을 위해서 철저히 죽으심에 이르기 까지 고난 받으심을 분명하게 보여 주는 노래가 바로 이 종의 노래인 것이다. 신약 성경에는 이 부분이 너무나 분명하게 정리된다.

행 20:28 "너희는 자기를 위하여 또는 온 양 떼를 위하여 삼가라 성령이 저들 가운데 너희로 감독자를 삼고 **하나님이 자기 피로 사신** 교회를 치게 하셨느니라."

사 53:8, 12에 나온 것처럼의 묘한 역설적인 표현은, 즉 영광 받으실 분이 고난을 받으시는 이 모습에 대하여는 계 5:12절에 다시 잘 요약되어 나온다.

계 5:12 "죽임을 당한 어린양이 능력과 부와 지혜와 힘과 존귀와 영광과 찬송을 받으시기에 합당하도다."

영광과 존귀와 찬송을 받으실 하나님, 그분은 바로 고난의 종이신 것이었다.

적 용

성경에 비밀이 있다. 그것은 바로 우리를 구원하기 위하여 내려오시고, 자기를 희생하신 예수 그리스도는 바로 하나님 그 자신이라는 것이다. 그분을 찬양해야만 한다.

1) 하나님 그 자신이면서 우리를 위하여 희생하신 예수를 깊이 생각하자.

2) 영광 받으실 분이 고난을 받으신 것은 순전히 우리 위함인 줄 알고 감사를 드리자.

3) 이 비밀들을 오래전부터 보여 주신 주님께 감사하자.

신약의 '이적'을 어떻게 설교할 것인가?

마 20 : 29 -34 [두 눈을 뜬 맹인]을 중심으로

황창기 (Th. D.)

[29]저회가 여리고에서 떠나갈 때에 큰 무리가 예수를 좇더라. [30]소경
둘이 길가에 앉았다가 예수께서 지나가신다 함을 듣고 소리 질러
가로되 주여 우리를 불쌍히 여기소서. 다윗의 자손이여 하니, [31]무
리가 꾸짖어 잠잠하라, 하되 더욱 소리 질러 가로되 주여 우리를
불쌍히 여기소서 다윗의 자손이여 하는지라. [32]예수께서 머물러 서
서 저희를 불러, [33]가라사대 너희에게 무엇을 하여 주기를 원하느
냐 가로되 주여 우리 눈 뜨기를 원하나이다. [34]예수께서 민망히 여
기사 저희 눈을 만지시니 곧 보게 되어 저희가 예수를 좇으니라.

1. 여는 말

목회자들은 우리 본문[마 20 : 29 -34]을 설교할 때, 고민을 많이 할 것이라 본다. 즉, 이런 이적이 언제나 일어나야 할 것으로 설교할 것인가? 아니면 오늘날은 모든 은사는 중지되었다는 입장에서 설교할 것인가? 특히 교회 성장을 열망하는 개척 교회는 물론, 성장이 멈춘 교회의 목회자일수록 이런 질

문에 민감하다고 본다. 사실 목회자가 사역 현장에서 맹인이 눈을 뜨는 역사가 일어나면 얼마나 좋을까? 하지만 이런 일은 그리 흔하지 않다.[1] 그렇다면 이 본문은 왜 정경에 나오는가? 그 보다도 이 본문은 어떻게 설교를 해야 하는가? [그러나 본고에서 설교 전달 방법 및 기교를 다루지 않음]

2. 일반적인 성경 이적 이해[2]

여기서 우리는 '이적, 기사'를 바로 이해하기 전에 예수님이 어떤 분인지, 그리고 그분의 사역이 무엇을 의미하는지 바로 이해하여야 한다.

가. 예수님의 인격 [Person]

(1) 예수님은 언제나 동일하신 분이다. 따라서 지금도 변함없이 이적을 베푸실 수 있다. 예수 그리스도는 어제나 오늘이나 영원토록 동일하신 분이시기 때문이다. 필요하다면, 주님의 사역자들을 통하여 이적을 베푸신다.

(2) 그 예수님을 1세기에 사시던 분, 팔레스타인 지역 안에 사시던 분으로만 이해하여서는 안 된다. 그분은 구약 시대에도 계셨다. 즉, 구약의 그리스도시다는 말이다. 모세가 믿은[인정하

1) 경남의 모 목사님의 말에 의하면 여의도 ++ 교회 목사도 1000 회의 안수 기도 중 6 번 정도의 이적이 일어났다고 한다.

2) 이적에 대한 전반적인 것을 다루는 것이 아니라, 이 본문의 문맥으로 예수님이 그리스도로 오신 맥락과 이적의 관계를 조명하고자 한다.

는] 그리스도[고전 10:4; 히 11:26][3]를 성경이 말하고 있다. 그리고 주님께서는 우리와 함께 죽으시고[롬 6:6, 8; 골 2:20][4] 함께 묻히시고 [롬 6:4; 골 2:12; 딤후 2:11][5], 함께 부활하실 뿐만 아니라[롬 6:8; 골 2:13; 3:1][6], 함께 하늘에 앉히시고[롬 6:8; 갈 2:20; 엡 2:5-6][7], 함께 나타나실 분[골 3:4]이시다.

---

3) (고전 10:4) 다 같은 신령한 음료를 마셨으니 이는 저희를 따르는 신령한 반석으로부터 마셨으매 그 반석은 곧 그리스도시라 (히 11:26) 그리스도를 위하여 받는 수모를 애굽의 모든 보화보다 더 큰 재물로 여겼으니 이는 상 주심을 바라봄이라.

4) (롬 6:6) 우리가 알거니와 우리의 옛 사람이 예수와 함께 십자가에 못 박힌 것은 죄의 몸이 죽어 다시는 우리가 죄에게 종 노릇 하지 아니하려 함이니…(롬 6:8) 만일 우리가 그리스도와 함께 죽었으면 또한 그와 함께 살 줄을 믿노니 (골 2:20) 너희가 세상의 초등학문에서 그리스도와 함께 죽었거든 어찌하여 세상에 사는 것과 같이 규례에 순종하느냐

5) (롬 6:4) 그러므로 우리가 그의 죽으심과 합하여 1)세례를 받음으로 그와 함께 장사되었나니 이는 아버지의 영광으로 말미암아 그리스도를 죽은 자 가운데서 살리심과 같이 우리로 또한 새 생명 가운데서 행하게 하려 함이라 (골 2:12) 너희가 1)세례로 그리스도와 함께 장사되고 또 죽은 자들 가운데서 그를 일으키신 하나님의 역사를 믿음으로 말미암아 그 안에서 함께 일으키심을 받았느니라. (딤후 2:11) 미쁘다 이 말이여 우리가 주와 함께 죽었으면 또한 함께 살 것이요.

6) (롬 6:8) (골 2:13) 또 범죄와 육체의 무할례로 죽었던 너희를 하나님이 그와 함께 살리시고 우리의 모든 죄를 사하시고 (골 3:1) 그러므로 너희가 그리스도와 함께 다시 살리심을 받았으면 위의 것을 찾으라. 거기는 그리스도께서 하나님 우편에 앉아 계시느니라.

7) (롬 6:8) (갈 2:20) 내가 그리스도와 함께 십자가에 못 박혔나니 그런즉 이제는 내가 사는 것이 아니요 오직 내 안에 그리스도께서 사시는 것이라 이제 내가 육체 가운데 사는 것은 나를 사랑하사 나를 위하여 자기 자신을 버리신 하나님의 아들을 믿는 믿음 안에서 사는 것이라. (엡 2:5) 허물로 죽은 우리를 그리스도와 함께 살리셨고 (너희는 은혜로 구원을 받은 것이라. 엡 2:6) 또 함께 일으키사 그리스도 예수 안에서 함께 하늘에 앉히시니.

예수님이 죽으시고 묻히시고 부활하시던 그 당시에는 우리 중에 아무도 태어나지 아니하였다. 그렇지만 성경은 우리와 함께[8] 주님께서 죽으시고, 묻히시고, 부활하실 뿐 아니라, 우리와 함께 하늘에 앉히었다고 성경은 말한다. 그러나 시공간에 한정된 우리 인간을 중심으로 그 분도 시공간에 한정시켜 이해하기가 일쑤이다.

예수 그리스도에 대한 이러한 이해는 창조주이신 분을 그 분이 지으신 피조물 [creatures]인 '시간'과 '공간'에 얽매는 처사이다. 오늘날 종말론을 비롯한 신학의 대부분은 이런 바탕에서 전개되고 있다는 점을 사람들은 예사로 여기는 것 같다. 이것은 심각한 문제이다.

그러나 예수 그리스도는 구약시대도 계셨고, 초대 교회 시대는 물론 지금 이 시간 뿐 아니라, 앞으로 오고 올 세상에도 계실 분이시다. 말하자면 예수님을 2000년 전에 사시던 분으로만 한정하지 말고 온 교회적인 분 [whole church Person][9]이요 만유적인 분[panta Person][10]으로 무소부재하신 분으로 믿어야 한다.

---

8) 호 12:3, 4에서 "야곱은 태에서 그 형의 발꿈치를 잡았고.. 또 장년에 …천사와 함울 겨루어 이기고 울며 …하나님은 벧엘에서 저를 만나셨고 거기서 '**우리에게**' 말씀하셨나니 …[וְשָׁם יְדַבֵּר עִמָּנוּ׃]"라고 함으로 야곱시대의 사람이나 호세아 시대 인이나 동일시함을 보여 준다.

9) 황창기, 『그리스도 중심의 성경 이해』(서울: 도서출판 이레, 2000) 21-28, 106-115, 139-143; 황창기, 『예수님, 교회 그리고 나』(서울: 성광문화사, 2005²) 242-249, 210-213, 17

10) 황창기, 『그리스도 중심의 성경 이해』 29-30; 황창기, 『예수님, 교회 그리고 나』 250-255.

나. 예수님의 사역으로서의 이적

(1) 그런데 일부 학자들이 주님의 모든 이적, 기사는 마감[cessation]된 것이라고 일방적으로 단정한다. 즉, 정경이 확정된 다음부터는 이런 이적이 없다는 말이다. 물론 정경은 분명히 확정되었다. 더 이상의 변동은 있을 수 없다.

그렇다고, 다른 이적, 기사 및 은사까지 마감되었다고 볼 수 없다. 그 이유는 이적 기사는 하나님의 복음이 전진할 때 이를 하나님께서 입증하는[vindication] 표적 차원에서 일어나는 경우가 많기 때문이다. 좀 더 구체적으로 말하자면, 예수님께서 메시야[그리스도]이심을 나타내는 현장에는 있을 수 있다. 예수님이 곧 그리스도로 임한 하나님의 나라 안에서 하나님의 창조 및 구원 목적[표] 또는 완성[결](τέλος)이 이루어진 것을 드러내고 입증하는 현장에는 이런 이적 기사가 동반되는 것을 성경이 보여 주기 때문이다.

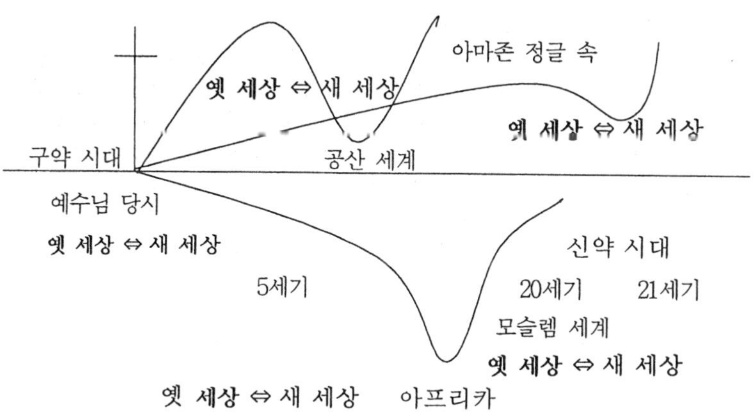

지금도 '이(옛) 세상' [this Age]과 '오는(새) 세상' [Age to come][11]이 만나는 접점에서는 사도행전과 같은 이적 기사가 일어난다. 필요시에는 그보다 더 큰 역사도 일어날 수 있다고 보고, 우리는 유연성을 가지고 기대하며 대처해야 한다. 그렇다면 그 만남은 꼭 예수님 시대에만 있으란 법은 없다. 지금도 있고 앞으로도 있을 것이다. 주님이 오신지 이 천년이 지난 지금, 아직도 복음을 접해 보지 않은 그 어떤 곳이라도 이 세상과 오는 세상의 만남은 있을 수 있다. 그것은 저 아마존의 밀림 속일 수도 있고, 아프리카의 어느 지역일 수도 있다. 꼭 미개 지역은 아니라도 복음이 차단되어 하나님의 나라가 진입하지 못한 곳이 있을 수 있다. 과거 일제시대 한국교회와 같이 박해를 받는 교회[12], 또는 공산주의 체제 아래서 박해를 받는 지하 교회일 수도 있고, 현재 어느 모슬렘 문화권에서 숨어서 선교하는 지역일 수도 있다.

그럼에도 불구하고 이적과 기사를 비롯하여 은사들은 성경 시대[Bible times]에만 있었고 오늘날은 이미 중지되었다고[13]

---

11) [NRS] Ephesians 1:21 far above all rule and authority and power and dominion, and above every name that is named, not only <u>in this age but also in the age to come</u> [ὑπεράνω πάσης ἀρχῆς καὶ ἐξουσίας καὶ δυνάμεως καὶ κυριότητος καὶ παντὸς ὀνόματος ὀνομαζομένου, οὐ μόνον <u>ἐν τῷ αἰῶνι τούτῳ ἀλλὰ καὶ ἐν τῷ μέλλοντι·</u>]

12) 마침 '한상동 목사의 옥중 수기'를 '코닷'[<u>www.kscoramdeo.com</u>]에서 펴 왔다. 그 기록은 이적 연속이라 하여도 과언이 아니라고 생각한다. 그 당시 한국 교회에 신사 참배를 강요한 일제의 핍박에 분연히 일어난 신실한 성도들을 향한 우리 하나님의 입증[vin- dications]을 확인한 셈이다. 그리고 이 논문 이해를 돕고자, 미리 한국동남성경 연구원[<u>www.kosebi.org</u>] 홈페이지에 올려놓았다,

13) 예를 들어서, Walter J. Chantry, B.B. Warfield 등…Wayne Grudem, *Systematic Theology: A Introduction to Biblical Doctrine*

하는 것은 잘못이다. 이것은 예수 그리스도를 잘못 이해한 결과이다. 앞에서 지적한대로 예수님을 시공간에 제한받는 분으로 여긴 결과이다. 이적 기사의 발생 여부에 대한 판단은 '시간 중심'이 아니라, '주님 중심'이어야 한다.14) 현대의 성경해석의 오류가 이 문제에서 비롯되었음을 필자는 이미 다른 곳에서 지적하였다.15)

(2) 이적과 기사는 주님 나라와 복음의 진보를 입증하는 것 [vindications]이므로 그 정도에 따라 다르게 나타난다. 즉, 선교 역사가 오래되어 신학교도 갖추고, 성경도, 신학자도 많이 나오는 오래된 교회일수록 이적적인 현상이 희귀하게 된다. 그리고 의료 기관 및 의약품의 발달이 두드러진 지역이나, 기타 현대 첨단 문화가 발달한 곳일수록 질병의 이적적인 치유보다 진료적인 치유가 많다고 보아야 한다.

(가) 현재 아프가니스탄과 같은 이슬람권에서 선교하는 선교사들의 증언도 이를 뒷받침한다.16) 또 실제로 현대 중국

(Grand Rapids : Zandervan Publishing House, 1994) 362.

14) 개혁 신학의 성경 해석이 구속사 [redemptive-history], 즉 역사 속의 '시간'을 강조하면서도, '시간 중심'보다는 '주님 중심'을 더 강조하는 아이러니를 우리는 보아야 한다. 그것은 예수님의 자신[Person]에 대한 새로운 안목 때문이다. 성경 해석에서 그 핵심 적용 원리는 다음과 같이 정리할 수 있다.
"사건의 이해는 구원사의 전진에 비추어 시대별로(chronologically) 하되, 그 적용은 그리스도 중심적으로 (Christocentrically), 또는 그리스도 완결적으로 (Christotelically) 시행하라." 이 원리는 예수 그리스도께서 '원형'이면서, 동시에 '원초형'되심을 드러낸다(황창기, "기독론적 예표론", 『고신신학』 제 10호 [2008] 60.

15) 황창기, "기독론적 예표론", 『고신신학』 제 10 호 [2008] 59.

교회 안에서 일어나는 여러 가지 이적의 빈도는 한국 교회보다 더 많은 것이 사실이다.

(나) 이 점은 교회적인 차원 및 문화적인 차원을 넘어, 개인적인 차원에서도 마찬가지다. 즉, 믿은 지 얼마 되지 않아서, 삼위 하나님도, 성경도, 교회도 잘 이해하지 못하나, 그 영혼의 구원이 시급한 사람에게는 하나님의 특별한 간섭으로 희한한 체험을 하게 하신다. 대신에 오래된 성도들일수록, 즉 교회적, 목회적인 '양육 및 훈련'을 잘 받는 성도들에게는 이적, 기사가 상대적으로 드물다.

(3) 최근 유행하는 전도 프로그램들, 이를테면 가정교회 및 여러 소그룹 운동의 문제를 이러한 관점에서 이해하여야 할 것이다. 초신자 중에서 특별한 경우에는 특별한 이적이 동원될 수 있다고 신학자들은 마음을 열어야 한다. 특히 뱀의 후손이 힘을 얻고, 득실거리는 복음 전선일수록 이런 특수한 하나님의 입증으로서의 이적이 일어난다고 믿어야 한다.

(4) 그러나 이것을 일반화하는 것은 매우 신중해야 한다. 초신자를 위한 복음의 접촉점으로 반드시 필요한 목회 차원의 사역을 신학자들이 가로 막지 말아야 한다고 본다. 목회 현장과 거리가 먼 신학자들의 일반화의 논리는 복음 사역은

---

16) 지난 4월에 만난 친구 선교사도 그곳에서 사도행전적인 이적이 아니고서는 선교할 수 없다고 했다. 그는 고신대 안에서 모이는 대학교회에서 증언해 달라는 부탁을 받았으나, 그곳에서 헌신하는 선교사들의 '안전'을 위하여 제3세계 학생들이 많이 와 있는 고신대학 및 한국의 현실을 감안하여 이를 사양하였다.

물론 교회의 깊이를 단순화하는 것이다. 즉, 목회자와 신학자들이 서로 엇박자를 짚고 있는 현실이란 말이다.

(5) 일반 목회자 및 성도들에게도 도저히 납득이 안 되는 이적적인 사건이 일어나 주님 나라와 교회에 유익을 끼치는 경우가 많음을 경험하였을 것이다.[17] '주님 나라 확장과 복음대저 진멸'을 위한 하나님의 입증의 실례이다.

3. 본문에서의 이적 이해

우리 본문에서는 여리고 길가에 앉은 두 맹인이 눈을 뜨게 된 사건이다. 먼저 예수 그리스도 안에서의 하나님의 목표 성취 차원을 알아야 하겠다.

가. 예수님 자신은 새 이스라엘

(1) 마태복음 1:1이 예수님이 어떤 분이심을 밝히고 있다: "아브라함과 다윗의 자손 예수 그리스도의 세계라."[18] 이 표

17) 필자에게도 개인적으로 이런 놀라운 일들이 있었다. 1990년 봄에 서울대 병원에서 태어난 딸 쌍둥이 상태가 컴퓨터 데이터상 너무 나빠 의사도 절망하였으나 기적적으로 살아 퇴원한 것이다, 또 필자는 2001년 1월 말에 고신대학교 총장 취임 후 부총장과 함께, 또는 교무위원 및 직원들과 공개적으로 '주님 나라 확장, 복음 대적 진멸'을 위하여 기도하였다. 그해 11월에 온 교단의 힘으로 미륵암이 무너졌는데, 그 다음 해 교육부 감사로 복음병원의 비리와 특히 김해 복음병원과의 불법 운영이 고구마 줄기처럼 뒤집혀져 교단과의 불법 고리를 차단한 것도 전연 예상한 것이 아닌 것이다. 즉, 우리 내부적 '미륵암'이 무너진 것이다.

18) Βίβλος γενέσεως Ἰησοῦ Χριστοῦ υἱοῦ Δαυὶδ υἱοῦ Ἀβραάμ

현은 원어의 순서와는 정반대이다. 즉, 원어에서는 '세계'[계보]란 말이 맨 먼저 나오고 '아브라함'이란 말은 맨 끝에 나온다. 이 마태복음의 첫 구절이 선언하고 있는 내용은 두 가지로 요약된다.

(가) 마태복음은 예수 그리스도의 재창조 기사이다. 즉, 다윗의 자손인 예수 그리스도의 재창조요, 아브라함의 자손 인 예수 그리스도의 재창조의 책이라는 점을 처음부터 밝히고 있다.

(나) 예수님이 어떤 분이신가에 대하여 명확히 규정하고 있는 것이다. 예수님께서 곧 그리스도이시요, 예수님께서 다윗의 자손(아들)이시며, 동시에 예수님께서 아브라함의 자손이시라는 점이다. 이 말은 예수님이 우리가 고백하는 메시야시요, 다윗의 자손이신 우리의 진정한 '왕'이시며, 아브라함의 자손, 즉 이스라엘이신 '구약과 신약의 교회'라는 의미를 담고 있다. 그런데 중요한 사실은 마태복음 1장과 2장에다 이 내용을 순서대로 배열하였다는 점이다.

(2) 율법과 선지자, 즉 성경의 모든 목표 지향점은 이스라엘 스토리의 절정이신 '예수 그리스도'이시다. 그리스도가 성취이며, 목표요 완성[결]이다.

(가) 예수 그리스도는 모든 성경의 성취인데, 그 방법은 직접 또는 간접적 인용[quotation], 암시[allusion], 울림 [echo]을 이용하여 신약에 드러낸다. 이런 점에서 구약은 신약의 하부구조 [substructure]라는 말에 귀를 기울여야 한다.[19)]

19) Peter Enns, "신약의 구약 사용에 대한 역사 해석학적 접근 : 서론"

(나) 예수 그리스도는 신약의 성취 개념 4가지[20] 중에서 예언의 '문자적으로 상응하는 성취' [literally corresponding fulfillment]보다도 그리스도의 변혁, 즉 그분의 성육 고난, 죽으심, 부활, 승천, 성령 강림의 대변혁의 안경을 통하여 되돌아보는 성취를 말한다. [실례: 예수님이 스가랴가 '은 30'에 팔리라는 예언대로 팔림]

(3) '그리스도의 부활'과 '성령 강림으로 시작된 교회'를 통하여 모든 성취가 완성[결]됨을 주시하여야 한다. 그리스도 완결적 성취는 우리가 이미 이런 해석을 상당 부분 실현하고 있다. 즉, 새로운 안목이면서도 이미 익숙한 안목이기도 하다. 우리는 이미 교회를 섬기고 있기 때문이다. 다시 말하자면 그리스도 중심적 성경 이해와 적용은 그리스도 완결적 이해와 적용이며, 이는 교회 완결적 성경 이해와 적용으로 이어진다는 말이다.

(4) 따라서 본문의 내용이 '더 깊은 의미' [sensus plenior] 차원을 고려해야 한다. 더 깊은 의미란 구원 역사의 전진에 따라 보다 심오하고 풍부하게 된 의미로 보아야 한다.

(한국 복음주의신학회, 2008, 5, 10) 9에서 저자는 C. H Dodd가 쓴 *According to Scritures: the Substructure of New Testament Theology* (New York: Charles Scribner's Sons, 1953)의 '부제'를 두고 한 말이라고 '각주'에 밝히고 있다.

20) Richard N. Longenecker, "'Who is the Prophet Talking About?' Some Reflections on the New Testament's Use of the Old" in G. K. Beale ed. *The Right Doctrine from the Wrong Texts?: Essays on the Use of the Old Testament in the New* (Grand Rapids: Baker Books, 1994), 376-79에서 신약의 성취 개념을 다음과 같이 설명한다. 이를 요약해 본다.

나. 본문의 문맥에 비추어[21]

제자들은 예수님과 같이 다니면서[20:29] 예수님을 오해하였다. 본문 바로 앞의 문맥 [19장]에서 예수님 자신이 하나님의 나라[autobasileia]이심을 밝히고 있다.

ㄱ] 예언이 실증되는 성취 - 신 18:22(말한 일에 증험과 성취); 삼상 9:6(말한 대로 응함)
미가 5:2이 마 2:5-6에서 // 슥9:9이 요12:14-15에 그와 같이 됨.
ㄴ] 수수께끼처럼 알기 어려운 성취[enigmatic]
시 110:1 "여호와께서 내 주에게 말씀하시기를 내가 네 원수들로 네 발판이 되게 하기까지 너는 내 오른쪽에 앉아 있으라 하셨도다."
이 말씀만으로는 어떻게 성취될 것인지 분명하지 않다. 그러나
① 예수님이 자신에게 적용, 막 12:36에 인용하시고, 37절(막12:37) "다윗이 그리스도를 주라 하였은즉 어찌 그의 자손이 되겠느냐 하시니 많은 사람들이 즐겁게 듣더라." 하신다.
② 사도 베드로도 인용 [행 2:34-35]
ㄷ] 공동체적 결속 [corporate solidarity] 차원에서 성취
① 호11:1 이 마 2:15에 인용 - 이스라엘 백성과 예수님을 동일시함.
② 렘 31:15이 마 2:17-18에 인용 - 이스라엘 역사적 사건을 예수님의 삶과 사역의 내다보게 함 [prefigurements]; 그보다도 좀 더 구체적으로, 라헬 - 포로 시 아들 잃은 어머니[렘] = 예수님 당시 '2살 아래 사내아이'를 살해당한 어머니를 동일시.
③ 사 9:1-2이 마 4:12-16에 인용 - 예수님이 오심[새 시대의 시작]으로 복음 이방 지역과 이방인에게 넘어가는 것을 보여 줌[하나님 나라의 확장] 마 4:12에 요한의 잡힘은 '옛 시대'의 결정적 쇠퇴와 함께 '새 시대'의 여명을 말함.
ㄹ] 구원 역사에 따른 예표적 일치 [typological correspondence] - 하나님이 그의 언약 백성 중에 행하심과 예수님의 삶과 사역에 연결시키는 성취 [Leonhard Goppelt 주장]
마태복음은 예수님을 유대인들의 체험을 재현하는 분으로서의 성취
마가복음에 예수님을 광야에서 구출하는 분으로서의 성취
누가복음은 예수님을 종말론적 약속을 이룩하는 분으로서의 성취
요한복음은 예수님을 민족의 사회적 및 종교적 삶의 중심으로서의 성취를 각각 그린다고 함.

21) 황창기, 『그리스도 중심의 성경 이해』, 165-172.

(1) 예수님에게 오는 어린 아이들은 천국에 오는 것이다.[22] 이것도 모르고 예수님의 안수와 기도를 바라는 어린아이들을 꾸짖었다.

(2) 예수님을 떠나는 것이 곧 천국을 떠나는 것이다[19 : 22 - 24].[23]

(3) 예수님께서 십자가에서 달려 죽으시고 다시 부활할 것을 3번째 알려 주시는데도[마 20:17-19[24]; 마 16 : 21-28 ; 17 :12, 22 -23] 제자들은 깨닫지 못하였다. 물론 "먼저 된 자로서 나중 되고 나중 된 자로서 먼저 될 자가 많으니라"(마 19 : 30)[25]는 원리도 깨닫지 못하였다.[26]

---

22) (마 19 : 14) 예수께서 이르시되 어린 아이들을 용납하고 내게 오는 것을 금하지 말라 천국이 이런 사람의 것이니라 하시고.

23) (마 19 : 22-24) 그 청년이 재물이 많으므로 이 말씀을 듣고 근심하며 가니라. 예수께서 제자들에게 이르시되 내가 진실로 너희에게 이르노니 부자는 천국에 들어가기가 어려우니라. 다시 너희에게 말하노니 낙타가 바늘귀로 들어가는 것이 부자가 하나님의 나라에 들어가는 것보다 쉬우니라 하시니.

24) (마 20:17-19) 예수께서 예루살렘으로 올라가려 하실 때에 열두 제자를 따로 데리시고 길에서 이르시되, 보라 우리가 예루살렘으로 올라가노니 인자가 대제사장들과 서기관들에게 넘겨지매 그들이 죽이기로 결의하고, 이방인들에게 넘겨주어 그를 조롱하며 채찍질하며 십자가에 못 박게 할 것이나 제 삼 일에 살아나리라.

25) Matthew 20:16 οὕτως ἔσονται οἱ ἔσχατοι πρῶτοι καὶ οἱ πρῶτοι ἔσχατοι.

Matthew 19 : 30 πολλοὶ δὲ ἔσονται πρῶτοι ἔσχατοι καὶ ἔσχατοι πρῶτοι.

26) '먼저 된 자'는 그 당시 아브라함의 혈통을 따른 유대인을 말하며, '나중 된 자'는 그 사회의 버림을 받은 세리, 죄인, 창기, 장애인, 이방인들을 가리킨다. 그러나 예수님이 세상에 오셨을 때 전자는 주

(4) 그럼에도 불구하고 주님을 오해할 뿐 아니라, 주님의 나라도 오해하는 열두 제자들이었다. 먼저, 두 명의 제자[세베대의 아들들 야고보와 요한]가 오해하였다.[27] 나머지, 열 명도 마찬가지였다.[28]

(5) 깨닫지 못하는 12 제자들에게 예수님은 다음과 같이 말씀하신다.

(마 20:26-28) 너희 중에는 그렇지 않아야 하나니 너희 중에 누구든지 크고자 하는 자는 너희를 섬기는 자가 되고 (마 20:27) 너희 중에 누구든지 으뜸이 되고자 하는 자는 너희의 종이 되어야 하리라.[29] (마 20:28) 인자가 온 것은 섬김을 받으려 함이 아니라 도리어 섬기려 하고 자기 목숨을 많은 사람의 대속물로 주려 함이니라.

이 말씀에서 주님께서 '크고자 하는 자가 섬겨야 하고, 으뜸이 되고자 하면 종이 되어야 하는 것'은 출세하는 수단과 방법을 가르치는 것이 아니다. 그와 반대로 '신자라면 [천국 백성이라면 누구나] 섬기는 것이 본분이다'고 강조하고 계신

님을 배척하여 언약의 축복의 자리에서 쫓겨나고, 후자는 예수님을 그리스도로 믿음으로 '먼저 된 자[으뜸인 자]의 반열에 서게 되었다. 구원 역사적인 변혁이었다.

27) (마 20:21) 예수께서 이르시되 무엇을 원하느냐 이르되 나의 이 두 아들을 주의 나라에서 하나는 주의 우편에, 하나는 주의 좌편에 앉게 명하소서.

28) (마 20:24-25) 열 제자가 듣고 그 두 형제에 대하여 분히 여기거늘, 예수께서 제자들을 불러다가 이르시되 이방인의 집권자들이 그들을 임의로 주관하고 그 고관들이 그들에게 권세를 부리는 줄을 너희가 알거니와.

29) καὶ ὃς ἂν θέλῃ ἐν ὑμῖν εἶναι πρῶτος ἔσται ὑμῶν δοῦλος·

다. 그 이유는 '크다', '으뜸'이란 말이 세속적인 의미의 성공이 아니라, 천국적인 말이기 때문이다. 즉 '크고자 하는 자'와 '으뜸이 되고자 하는 자'란 '천국 백성'을 가르치기 때문이다.[30] [문제는 이 말을 성공주의, 1등주의가 만연한 우리의 잘못된 이해에서 비롯된다]

요약하자면, 제자들은 예수님을 바로 알지 못하고, 천국을 오해하였다. 천국을 자기의 욕구를 채우는 수단으로 이해하였다. 복음의 역사는 자기 유익을 위하여, 천국을 이용하는 곳에서는 일어나지 않는다! 그런데 우리 본문에 나오는 맹인들은 그 당시에 버림 받아 '나중 된 자'였지만 주님을 바로 알고 고백하였다.

4. 본문의 석의 노트

본문에는 예수님을 따르는 3 가지 사람들이 있다. 그들은 예수님의 제자들, 큰 무리[많은 사람들], 그리고 두 맹인들이다.

가. 맹인들의 고백

제자들이 실패하는 중에, 두 맹인들은 예수님을 바로 알고 고백하였다[30]. 그들은 "주여! 우리를 불쌍히 여기소서! 다윗의 자손이여!"[31]하고 큰 소리로 부르짖었다. 그 때 무리가 그들의 요구를 방해하였다. "꾸짖어 조용히 하라"고 하였다. 그러나 그들은 더욱 소리를 질렀다. "주여! 우리를 불쌍히 여기

30) 위의 각주 26 참조.

31) ἐλέησον ἡμᾶς, κύριε, υἱὸς Δαυίδ.

소서! 다윗의 자손이여!"라고 주님을 큰소리로 불렀다.

그러자 길을 가시던 예수님이 멈추어 서시어 저희 둘을 부르시면서, "내가 너희에게 무엇을 하여 주기를 원하느냐?"고 물으시었다.

그들은 "주여 눈뜨기를 원합니다!"라고 대답하였다. 이에 예수님은 그들의 처지를 딱하게 여기시었다. 주님은 친히 자기 손으로 저희 눈을 만지시어 곧 보게 되었다. 그들은 예수님을 '주'와 '다윗의 자손'으로 고백하였다. 프란스[R. T. France]는 '다윗의 자손'이란 표현에는 '치유'와 연계되어 쓰였다고 주장하였다.[32) 그러나 D. R. Bauer는 다음과 같이 주장한다.

마태복음에서 '다윗의 자손'이 포함된 구절들은 2 가지 기능을 한다.

첫째, 적극적 의미로는 예수님이 억눌린 자를 온전케 하며, 또 예수님을 유대인이 기다리는 메시야라고 고백하는 사람들은 종말론적 축복을 경험할 것이라는 메시야 대망을 성취하신다.

둘째, 부정적 의미는 D. Kingsbury가 관찰한 대로 유대사회에서는 예수님을 다윗의 자손이라고 고백하여 치유 받은 경우가 거의 없다. 반면에 무리들은 이 치유에 의심 없이 받아드렸고 [12 : 23], 종교 당국자들은 화를 내었고[21:15] 참

32) 다윗의 자손은 '메시야'이심을 나타내는 말. 1: 1; 12 : 23 ; 15 : 22 ; 21: 9, 15 ; 22 : 42 참조 : *R. T. France, Matthew : Evangelist and Teacher* (Grand Rapids : Zondervan Publishing House,1989), 284-286.

람하다는 [12 : 22 -32] 반응이었다. 이와 같이 마태복음에서 '다윗의 자손'은 당시 이스라엘이 메시야를 거역하며, 나아가 그 눈먼 상태[blindness] 부각시키고, 이스라엘 전체가 이렇게 주님을 거역하는 죄악을 드러내고 있다고 했다.[33)]

맹인 두 사람이 예수님을 다윗의 자손이라고 고백한 것은 바로 그 앞의 문맥에 나오는 제자들과 대조적이다. 그리고 '다윗의 자손'이 정치적 메시야를 기대하는 유대인 출신 그리스도인 독자로 하여금 그렇게 하지 못하도록 치유기사 속에 둠으로써 교정 역할을 하는 것 같다. 천국은 정치적 영역을 배제하지는 않으나 그것이 우선적이지 않다는 말이다.

나. 눈을 띄워 주신 의의

예수님께서 제자들 앞에서 두 맹인의 눈을 띄워 주신 그 의의는 무엇인가? 이는 구약 여러 곳에서 하신 약속[34)]을 이루시는 현장이었다.

(눅 4 :18) 주의 성령이 내게 임하셨으니 이는 가난한 자에게 복음을 전하게 하시려고 내게 기름을 부으시고 나를 보내사 포로 된 자에게 자유를, 눈먼 자에게 다시 보게 함을 전파하며 눌린 자를 자유롭게 하고[사 61:1] (눅 4 :19) 주의 은혜의 해를 전파하게 하려 하심이라 하였더라.

---

33) "Son of David" in J. B. Green, S McKnight, I. H. Marshall (ed.), *Dictionary of Jesus and the Gospels*(Downers Grove : IVP, 1992), 769.

34) 사 35 : 5 그 때에 소경의 밝을 것이며 … 42 : 7 ; 렘 31 : 8.

예수님께서 곧 메시야[그리스도]이시라는 말이다. 하나님의 나라가 임하였음을 선포하고 있는 것이다. 성도는 예수님을 다윗의 자손 즉 메시야로 믿고, 예수님을 각 자의 주님으로 모셔야 한다[Lordship]는 것을 보여 주고 있다. 눈을 뜬 두 맹인을 통하여 예수 그리스도께서 우리의 주인이시며 왕이시라는 사실을 보여 주신다. 또 예수님이 그리스도[메시야]로서 우리의 구세주이심을 이 이적을 통하여 보여 주고 있다. 주된 계시는 예수님께서 약속대로 오신 '메시야'요, '그 자신이 하나님의 나라'[autobasileia]라는 점이다. 이를 위한 이적-맹인이 눈을 뜨는-기사는 부차적인 계시이다. 무엇보다도 이 맹인에게 주님께서 하나님 나라와 온전한 회복을 선물하신 것이다. 즉, 하나님의 백성의 자격을 갱신한 셈이기도 하다.[35)]

다. 눈을 뜬 맹인

맹인들은 육신의 눈을 뜨는 것에만 멈추지 않았다. 즉시 예수님을 따라 갔다. 주님과 더욱 가까운 관계를 가지게 되었다. 여기서 육신의 눈 [오프달모스, ovfqalmo,j]을 뜨기를 원하였는데, 영적 눈을 떴다. 30절에 예수님께서 저희 눈을 만지시어 눈을 뜨게 되었다고 할 때 눈은 '영적인 눈의 의미'도[36)]

---

35) "Jesus' healing miracles must be seen clearly as the bestowing the gift of shalom, wholeness, to those who lacked it, bringing not only physical health but renewed membership in the people of YHWH." 참조: N. T. Wright, *Jesus and the Victory of God* (Minneapolis: Fortress Press, 1996), 191-2.

36) ovfqalmo,j의 용례를 살펴보자: (1) 문자적인 눈을 가리키는 경우 (마 6:23; 눅 11:34; 고전 2:9; 히 4:13; 요일 1:1; 계 4:6, 8 등). (2) 정신적 혹은 영적 이해라는 뜻으로도 사용된다(마 13:16; 막

도 포함되어 있다.

주님의 은혜로 기적적으로 병이 나았지만, 병을 고침받은 사람의 반응은 여러 가지이다. 주님을 배반하는 사람이 있다. 반면에 이적만을 추구하는 사람도 있다. 이런 신앙은 자기를 위한 신앙이다. 이적이 사람을 구원하지 못하고 복음이 사람을 구원함을 기억하자!

또 오늘날 질병을 가진 자로서, 장애인으로서, 주님 나라의 백성 됨을 더 감사하며 살아가는 사람도 있음을 기억하여야 한다. "이 장애가 아니었다면… 내가 주님 나라 백성이 되지 못했으리라!"고 감사하는 사람도 많이 있다.

5. 본문 설교 방향은?

본문에서 예수님께서 맹인들을 불쌍히 여기는 점이나, 맹인

8:18; 눅 19:42; 롬 11:8; 엡 1:18). o;mma도 20:34에서 '하늘의 눈'이라는 뜻도 있다. 그래서 이 두 단어는 동의어로 교차적으로 사용된 것으로 볼 수 있다. 표현의 반복을 피한 것이지 의미상 차이가 나는 것은 아니다. 육체적인 눈의 치료를 통한 영적인 눈, 즉 신앙의 회복이 문맥에서 나타난다. 만약 맹인이 치료된 후 예수님을 따르고, 하나님을 찬양했다면 그의 영혼의 눈이 열린 것이며 신앙이 회복된 것이다(참고. Water Bauer [F. W. Danker rev. and ed.] *A Greek-English Lexicon of the New Testament and other Early Christian Literature* 3rd. (Chicago: The University of Chicago Press, [Repreinted by permission] Seoul: KCBS, 2003) 744; Liddel and Scott, *A Greek-English Lexicon* (Oxford: At the Clarendon Press, 1968), 1278.
그리고 TDNT [one vol.] 715; NIDNTT [vol. 3] 512; Louw & Nida [vol.1]97 에서 고전 헬라어에 '하나님의 눈' 또는 '영혼의 눈'이란 뜻으로 이 말[o;mma]이 많이 사용되기도 하였다고 하나 사본상의 지지가 약하다(NA 27). 57.

들이 무리의 방해에도 굴하지 않고 더욱 열정적으로 주님을 부르는 점 등 여러 가지로 설교할 수 있을 것이다. 그러나 우리의 목적을 위하여 주된 계시 [메시야 및 천국 도래]와 부차적인 계시[이적]를 중심으로 설교를 요약적으로 제시해 본다.

가. 본문과 거리가 먼 설교[37)]

제목 : 절망의 극복[38)]

(1) 주께서 가까이 계심 (시 16:8; 행 17:27; 마 28:20; 요 14:23)

(2) 끈기 있게 간구해야 함(창 32:24-29; 눅 11:8; 18:1-8; 렘 33:3)

(3) 주는 긍휼이 많으심 (출 34:6-7; 느 9:17; 엡 2:4)

나. 그리스도 완결적- 교회 완결적 설교 요약

제목 : 눈을 뜬 두 맹인

요지 : 예수 그리스도의 나라를 흥왕시키자! [어떻게?]

(1) 우리는 예수님을 바로 믿고 모셔야 한다[본문 앞 문맥]. 제자들은 예수님과 같이 있으면서 [29절] 오해하여 제자의 본

37) 흑백 논리로 완전히 틀린 것이라기보다, 주된 계시에서 아주 먼 설교로 이해하기 바란다. 연못에 돌을 던지면, 중심부에서 동심원을 이루는 물결이 퍼져 나간다. 이때 맨 가장 자리에 위치하여 아주 먼 부차적인 교훈을 가르치는 것으로 이해하자.

38) 『키성경』 (도서출판 로고스, 2007), 34.

분을 어겼기 때문이다. 문맥에서 예수님 자신이 하나님의 나라이심을 말하고 있다.

(2) 우리는 예수님을 주인으로 모셔야 한다.

마치 두 맹인들은 예수님을 바로 알고 고백하여 주님께서 눈을 띄워 주셨기 때문이다[30]. 그들은 예수님을 '주님'으로 고백하고, '다윗의 자손' 메시야로 고백하였다. 오늘 우리도 주님을 바로 모시고, 주님 나라의 신실한 백성이 되어야 한다.

(3) 우리는 주인 되신 예수님을 따라 주님 나라를 건설하여야 한다[34].

맹인들은 육신의 눈을 뜨는 것에만 멈추지 않았다. 예수님을 따라 갔다. 주님과 더욱 가까운 관계를 가지게 되었다. 육신의 눈을 뜨고, 영적인 눈도 뜨게 되었다. 따라서 우리도 영적 눈을 떴다. 이제 주님 나라 건설의 역군이 된 것이다.[39]

---

39) 우리는 '눈을 뜬 자'들로서, 주님 나라 확장을 위하여 온 교회적 사역을 강조하여야 한다.

"사랑을 실천하라. 사랑에 낙제하면 전 과목 낙제! 그 사랑은 주로 복지 분야로 전향해야! 장애우를 자기 교회의 다른 성도와 꼭 같이 대우하여 건강한 교회로! [노인] 복지, 재활, 불우 이웃, 외국 노동자 등 소외 된 자의 편에서…지역 사회의 필요를 채워야 한다!
궁극적으로는 한국 교회의 절대 위기에서 탈출하기 위하여 기독교 학교를 운영하여야 한다. 우리 자녀의 교육을 우리가 담당하여야 한다. 유치원부터 대학까지! 그리하여, 기독교 사범대학으로부터 기독교 교사가 배출되어 봉사할 수 있도록! 이 일을 위하여 노회, 총회 차원에서 힘을 결집하도록!"

****** 설교 결론 ******

지금도 주님의 이적이 있다! 그러나 이적 자체보다 예수 그리스도를 믿음으로 내가 구원 받아 천국 백성 된 것을 더욱 귀하게 보는 영적 눈이 있어야 한다. 그래서 비록 여러 가지 어려움과 장애를 지니고 있어도 주님 나라 확장이 우리의 본분이다. 신실한 주님 나라의 백성으로 천국 건설에 매진하자!

6. 닫는 말

마태복음 전체를 볼 때에, 주된 계시의 전진 과정에서 예수님이 어떤 분이신지를 밝히 보여 주고 있다. 그것도 많은 사람들은 물론, 제자들까지도 예수님을 오해하고, 천국을 바로 알지 못하는 처지였다. 그런 맥락 속에서 오늘 본문은 길가에 앉은 두 맹인의 눈을 주님께서 띄워 주셨다. 그뿐 아니라 눈이 어두운 이스라엘을 가리키는 면도 있다. 그러나 이는 **부차적이다. 따라서 설교자는 주된 계시인 예수님을 메시야요 주님으로 선포하고** 그의 나라를 확장시키는 데 전력투구하는 방향으로 설교하여야 한다.

마귀로부터의 자유에서 자유를 위한 선교로

막 5:1-20

황원하 (Ph. D.)

1예수께서 바다 건너편 거라사인의 지방에 이르러, 2배에서 나오시
매 곧 더러운 귀신들린 사람이 무덤 사이에서 나와 예수를 만나다.
3그 사람은 무덤 사이에 거처하는데 이제는 아무나 쇠사슬로도 맬
수 없게 되었으니, 4이는 여러 번 고랑과 쇠사슬에 매였어도 쇠사
슬을 끊고 고랑을 깨뜨렸음이러라 그리하여 아무도 저를 제어할
힘이 없는지라. 5밤낮 무덤 사이에서나 산에서나 늘 소리지르며 돌
로 제 몸을 상하고 있었더라. 6그가 멀리서 예수를 보고 달려와 절
하며, 7큰 소리로 부르짖어 가로되 지극히 높으신 하나님의 아들
예수여 나와 당신과 무슨 상관이 있나이까? 원컨대 하나님 앞에
맹세하고 나를 괴롭게 마옵소서 하니, 8이는 예수께서 이미 저에게
이르시기를 더러운 귀신아 그 사람에게서 나오라 하셨음이라. 9이
에 물으시되 네 이름이 무엇이냐 가로되 내 이름은 군대니 우리가
많음이니이다 하고, 10자기를 이 지방에서 내어 보내지 마시기를
간절히 구하더니, 11마침 거기 돼지의 큰 떼가 산 곁에서 먹고 있
는지라. 12이에 간구하여 가로되 우리를 돼지에게로 보내어 들어가
게 하소서 하니, 13허락하신대 더러운 귀신들이 나와서 돼지에게로
들어가니 거의 이천 마리 되는 떼가 바다를 향하여 비탈로 내리달

아 바다에서 몰사하거늘, [14]치던 자들이 도망하여 읍내와 촌에 고
하니 사람들이 그 어떻게 된 것을 보러 와서, [15]예수께 이르러 그
귀신들렸던 자 곧 군대 지폈던 자가 옷을 입고 정신이 온전하여
앉은 것을 보고 두려워하더라. [16]이에 귀신들렸던 자의 당한 것과
돼지의 일을 본 자들이 저희에게 고하매, [17]저희가 예수께 그 지경
에서 떠나시기를 간구하더라. [18]예수께서 배에 오르실 때에 귀신들
렸던 사람이 함께 있기를 간구하였으나, [19]허락지 아니하시고 저에
게 이르시되 집으로 돌아가 주께서 네게 어떻게 큰일을 행하사 너
를 불쌍히 여기신 것을 네 친속에게 고하라 하신대, [20]그가 가서
예수께서 자기에게 어떻게 큰 일 행하신 것을 데가볼리에 전파하
니 모든 사람이 기이히 여기더라.

마가복음은 복음서들 중에서 이적 기사를 가장 많이 수록하고 있다. 그런데 마가복음에 기록된 이적 기사들 중에서 특히 눈에 띄는 것은 예수님이 귀신을 쫓아내시는 사역(구마, 驅魔)이다.[1] 마가복음의 귀신 추방 기사들 가운데 내용이 가장 길고 묘사가 가장 생생한 것이 바로 본문이다. 이 글에서

1) R. T. France, *The Gospel of Mark*, New International Greek Testament Commentary (Grand Rapids : Wm. B. Eerdmans Publishing Co., 2002), 226. 마가복음에 수록된 귀신 추방 기사는 다음과 같다: 1:21-28에는 예수님이 갈릴리에서 귀신을 쫓아내는 기사가 기록되어 있고, 1:32-34과 3 : 11-12에는 예수님의 귀신 축출 사역이 요약된 형태로 언급되어 있고, 3:15에는 제자들에게 귀신 쫓는 권능을 주신다는 암시가 있고, 3 : 22-30에는 귀신을 쫓는 사역으로 인하여 예수님과 유대 종교 지도자들 사이에 발생한 논쟁이 소개되어 있다. 그리고 6 : 7, 13, 7: 24-30, 9: 14-29에도 귀신을 추방하는 이적 기사가 기록되어 있다. 그러나 가장 길고 상세한 귀신 추방 기사는 본문(5: 1-20)이라 할 수 있다. 본문의 기사가 다른 귀신 추방 기사와 비교할 때 가지는 두드러진 특징은 1) 이방 지역에서 귀신을 쫓아내는 것, 2) 귀신들린 사람의 처참한 상황에 대한 묘사, 3) 귀신의 이름을 물어봄, 4) 엄청나게 많은 귀신들의 등장, 5) 귀신 추방이 2000 마리의 돼지 떼의 죽음으로 이루어짐 등이다.

는 마가가 어떤 의도와 목적을 가지고 이 기사를 기록했으며, 그것이 독자들(paradigmatic readers)에게 어떤 의미를 주는지를 살펴보고자 한다.

1. 본문의 배경(Context)

마가복음 4:35-5:43에는 예수님이 행하신 네 가지 이적 기사가 수록되어 있다.[2] 그것은 폭풍을 잠잠하게 하신 일(4:35-41), 귀신들린 자를 고쳐 주신 일(5:1-20), 혈루증 앓던 여인을 치료해 주신 일(5:25-34), 그리고 야이로의 딸을 살려주신 일(5:21-24; 35-43)이다.[3] 그러면 마가복음 4:35-5:43의 이적 내러티브가 어떻게 발전하는지를 살펴보자.

먼저 본문 바로 앞에는(4:35-41) 예수님이 사나운 바람과

---

2) Pesch는 본문의 내러티브가 다음과 같은 4단계에 걸쳐서 발전되었다고 주장한다. 1) 원래 내러티브는 이방 지역에서 복음을 전하시는 선교사로서의 예수님을 담고 있었다. 2) 내러티브가 확장되어서 이방의 무질서를 제압하시는 예수님의 우월성이 묘사되었다. 3) 18-20절이 첨가되어 예수님에게서 귀신으로부터 자유를 얻은 사람에게로 초점이 옮겨진다. 4) 저자(혹은 편집자)는 이 이야기를 현재의 문맥에 넣으면서 1절과 21절을 삽입하였다. R. Pesch, "The Markan Version of the Healing of the Gerasene Demoniac", *Ecumenical Review* 21 (1971), 349-76. 본문의 발전 단계에 관한 이론들을 위해 R. A. Guelich, 마가복음 (*Mark 1-8:26*, Word Biblical Commentary, vol, 34A, 김철 역, 서울: 솔로몬, 1989), 448-450을 보라. 그러나 우리는 본문의 최종 형태(the final form of the text)에 관심을 가지면서 공시적으로(synchronically) 본문을 연구할 것이다.

3) 마가복음은 복음서들 중에서 가장 많은 이적 기사를 수록하고 있다. 이러한 이적 기사들은 예수님의 신적 능력, 곧 하나님의 아들로서의 전능성을 드러내는 동시에, 그분이 전하시는 메시지의 신적 권위를 증명하는 기능을 한다.

바다를 잠잠하게 하신 사건이 위치해 있다.[4] 예수님은 사나운 바람과 바다를 통제하심으로써 피조물에 대한 그분의 놀라운 권위와 능력을 보여 주셨다. 그런데 본문에는(5:1-20) 폭풍보다 더 강하게 사람을 괴롭히는 마귀가 등장한다. 하지만 사나운 바람과 바다를 잠잠하게 하셨던 예수님은 곧 사나운 마귀를 잠잠하게 하신다. 그리고 본문 뒤에 나오는 이적 기사(5:21-43)에는 혈루증을 앓던 여인을 치료하시는 장면과 야이로의 딸을 살리는 장면이 섞여 있다. 우선 전반부에는(5:21-24) 회당장 야이로가 자신의 죽어가는 딸을 살리기 위하여 예수님을 모시고 그의 집으로 가는 장면이 기록되어 있다. 이어서 중간 삽입부에는(5:25-34) 야이로의 집으로 가는 도중에 예수님이 혈루증 앓던 여인을 치료하시는 장면이 언급되어 있다. 그리고 후반부에는(5:35-43) 예수님이 야이로의 죽은 딸을 살리시는 장면이 묘사되어 있다.[5] 예수님은 절망적인 여인의 질병을 치료하심으로써 그분의 전능성을 드러내

4) 마가복음 5:1은 예수님이 바다 건너편 거라사인의 지방에 가셨다고 언급한다. 이렇게 예수님이 바다를 건너가셨다는 언급은 이 사건이 앞의 사건 직후에 일어난 것임을 말해 준다. 그러나 4:35-41의 바다 여행과 본문이 연관되어 있다는 추정에 이의를 제기하는 사람들도 있다. 왜냐하면 갈릴리 바다(호수) 여행은 2시간이면 충분하기 때문이다. 따라서 어떤 학자들은 5:1의 바다가 다른 바다를 의미한다고 주장한다. 그러나 공관복음은 앞의 기사와 본문을 분명히 연관 짓는다. 따라서 4장의 기사와 5장의 기사를 연결하는 것이 더 자연스럽다. 공관복음에서, 본문의 사건을 마태복음은 조금 다르게 기록하나 마가복음과 누가복음은 비슷한 순서로 기록한다(마 8:28-34; 눅 8:26-39). 이 중에서 마가복음의 기록이 가장 길고 상세하다.

5) 이 사건은 회당장 야이로의 딸을 살리는 장면의 중간에(야이로의 집으로 가는 도중에) 일어난 일이다. 이 사건을 마태는 3절로 기록하고, 누가는 6절로 기록하나, 마가는 10절을 할애하여 가장 길고 자세하게 기록한다.

시는 동시에, 오랜 고통으로 피폐해진 여인에게 놀라운 자유를 선물하신다.[6] 그리고 야이로의 죽었던 딸을 살리심으로써 죽음까지도 정복하시는 무한하신 능력을 보여 주신다.[7]

그러므로 마가복음 4:35-5:43의 내러티브는 예수님이 자연을 다스리시는 장면에서 출발하여 마귀의 권세를 제압하시고 사람들을 치유하신 후 사망을 이기시는 장면으로 발전한다. 폭풍을 잠잠하게 하신 이적은 대상이 자연일 뿐만 아니라 직접적인 수혜자가 제자들이다. 그러나 야이로의 딸을 살리신 일과 혈루증 앓던 여인을 고치신 일은 대중을 수혜자로 하며 예수님이 죄와 사망의 권세를 깨뜨리신 것을 극적으로 보여 준다. 그런데 이 두 내러티브를 연결하는 전환점(혹은 가교)에 본문이 위치해 있다. 본문 앞에는 마귀의 힘을 예고하는 폭풍이 나오고, 본문 뒤에는 마귀가 가져 오는 질병과 사망이 소재로 사용되나, 본문에는 모든 악의 실체인 마귀가 등장한

6) 막 5:25-27은 혈루증 앓던 여인이 전혀 가망이 없는 상태임을 암시한다(야이로의 딸과 마찬가지로). 여기서 마가는 7개의 분사를 사용하여 여인의 어려운 처지를 설명한다.

7) 한편, 야이로의 딸이 다시 살아난 것은 예수님의 부활을 예고하는 것이다. 이에 대한 증거는 다음과 같다. 첫째, 5:39에서 아이가 '잔다'는 표현은 비록 성경에서 죽음과 동의어로 사용되기도 했으나(단 12:2 LXX; 시 88:5[87:6 LXX]; 살전 5:10), 초기 기독교에서 사람이 잠에서 깨는 의미로 사용되면서 부활사상을 반영하는 중요한 용어가 되었다(살전 4:13-18). 둘째, 5:42에서 '일어나서'라는 단어에 예수님의 부활에 사용된 단어 *aneste*가 사용되었다. 이 단어는 마가복음에서 17번 사용되었는데, 그중 10번이 부활과 관련된다(예: 8:31; 9:31; 10:34). 셋째, 아이가 살아난 것을 보고 사람들이 놀라는 것은 예수님의 부활을 보고 제자들이 놀라는 것과 유사하다(16:8). 넷째, 소녀에게 먹을 것을 주라는 말씀 역시 부활하신 예수님이 먹을 것을 달라고 하시는 장면과 연관된다.

다. 따라서 본문은 예수님이 문제의 근본 원인을 제거하시는 모습을 다룬다.

2. 본문 주해(Exegesis)

본문의 구조는 매우 명확하다. 이 구조에 따라서 본문을 주해하고자 한다.

1-5절 : 귀신들린 사람의 상태
6-13절 : 귀신의 간청
14-17절 : 마을 사람들의 반응
18-20절 : 귀신에게서 놓임을 받은 사람의 활동

1-5절 : 귀신들린 사람의 상태

예수님의 능력으로 예수님과 제자들을 실은 배가 무사히 목적지에 도착했다(4 : 35-41). 예수님이 도착하신 목적지는 '거라사인의 지방'이었다(1절).[8] 이 지리적인 언급이 전달하는

8) 본문의 '가라사인의 지방'(the region of the Gerasenes)이 정확히 어디를 뜻하는지 알기가 쉽지 않다. 먼저 거라사(Gerasa)는 오늘날의 에라쉬(Jerash)로서 비록 데가볼리의 주요 도시 중의 하나이긴 하나(5 : 20과 일치), 갈릴리 바닷가에 있는 것이 아니라 갈릴리 바다로부터 남동쪽으로 37마일 떨어진 곳에 있다는 사실이다. 이는 갈릴리 바다까지 걸어갈 경우에 이틀이나 걸리기 때문에 본문의 에피소드에 부합하지 않는다. 게다가 사본학적으로 어떤 사본들은 Gerasenon이라고 읽고, 어떤 사본들은 Gadarenon이라고 읽고, 어떤 사본들은 Gergesenon이라고 읽는다. 이 명칭들 중에서 사본학적으로 특별히 강한 지지를 받는 것이 없다. 공관복음에서, 마태(8 : 28)는 몇몇 마가복음 사본과 같이 Gadarenon이라고 읽고, 누가(8 : 26)는 이곳을 '갈릴리 맞은편'이라는 설명과 함께 Gerasenon이라고

중요한 사실은 예수님이 처음으로 이방인의 지역을 밟으셨다는 것이다. 예수님은 비로소 이방인 선교를 위한 발걸음을 시작하신 것이다. 여기서 예수님이 만나신 사람은 귀신들린 사람이었다(2절). 그는 무덤 사이에 거주했다. 고대에 무덤은 사회적으로 배척된 곳이고, 저주받은 지역이며, 귀신의 처소로 인식되어 있었다. 여기서 마가는 귀신을 그가 자주 사용했던 대로 '더러운 귀신'이라고 표현한다(2, 8, 13절).[9] 본문에서 마가의 '부정'(uncleanness) 개념은 '이방인 지역'과 연관되고[10], '무덤'에 의해서 강화되며[11], 후에 '귀신들이 돼지 떼들에게

읽는다. 그런데 마태복음의 Gadarenon은 바다와 인접해 있으나(5마일) 바다로 가는 길이 비탈지지 않는다는 난점을 가지고 있다. 따라서 여기서의 Gerasa가 어디인지 파악하기 쉽지 않다. 학자들에 의해 해결책으로 제시된 것들 중에는 마가의 팔레스타인의 지리에 대한 지식 부족으로 인해 문제가 발생했다는 의견이 많은 비중을 차지한다. 그리고 어떤 학자들은 마가가 베드로의 말을 받아 적었다고 추정할 때 베드로의 기억력이 부족해서 생긴 문제일 것이라고 주장한다. 성경의 영감설에 근거한 정확무오성을 고백적으로 주장한다면, 마태복음의 장소와 마가복음, 누가복음의 장소가 서로 다른 곳이 될 수 없다. 이 장소는 아마도 오랜 세월을 거치면서 지금과는 다른 장소일 가능성이 많다. 마태와 마가와 누가가 언급하는 장소는 동일한 곳일 것이고 그것은 아마도 지금 알려진 지명들과는 다른 곳일 것이다.

9) 마태복음에는 이런 표현이 사용되지 않았고, 누가복음에는 한 번 사용되었고, 마가복음에는 11 번 사용되었는데, 그 중에 본 기사에서 세 번 사용되었다.

10) '데가볼리'(문자적으로는 '열 도시들'[ten cities])는 갈릴리 바다 동쪽에 위치해 있는 이방인 지역이다. 이 지역은 BC 63년 로마의 Pompey가 팔레스타인을 침략했을 때 Hasmonean의 지배를 받았다. 이 지역에는 이방 헬라 문화와 우상들을 위한 전시 도시들(showcase cities)이 세워졌다. 보라: Josephus, *War* 1.155; *Ant.* 14.74-75.

11) 본문에 무덤이란 단어가 세 번이나 연거푸 사용되었다(2, 3, 5절).

들어갔다'[12]는 언급을 통하여 절정에 이른다.

마가는 귀신들린 사람의 상태를 매우 세밀하고 생생하게 묘사한다(3-5절). 귀신들린 사람은 쇠사슬을 끊을 정도로 강한 힘을 가지고 있고, 무덤에서 밤을 새우고, 밤에 돌아다니고, 소리를 지르고, 돌로 자기의 몸을 해친다(참고: 막 9:22, 26; 행 19:16).[13] 따라서 이 사람의 상태는 대단히 불쌍하고 처참하다. 특히 마가는 '쇠사슬'(chain), '고랑'(iron), '매임'(binding)과 같은 단어를 사용하여 차갑고 고통스런 이미지를 전달한다.[14] 사람들이 그를 쇠사슬과 고랑으로 묶었던 것은 그가 자신을 학대할 뿐만 아니라 다른 사람들에게도 상당한 피해를 주고 있었음을 뜻한다.[15] 결국 그는 아무도 제어하지 못하는 짐승과 같은 존재가 되어 버렸다.[16] 독자들은 마가의 생생한 묘사를 통해 귀신이 사람을 철저히 파괴하는 존재임을 명확하게 인식할 수 있다.

결국 예수님은 더러운 지역으로 들어가셔서 더러운 무덤에

12) 유대인들은 돼지를 부정한 짐승으로 보아 소유할 수 없었으며(m. b. Qam. 7:7), 또한 돼지를 키우는 일을 경멸했다(m. Tohar. 7:6; m. B. Qam. 10:2; m. Ned. 3:4; 참고: 눅 15:11-32).

13) 이 사람의 상태가 심각하다는 것은 그에게 하나의 귀신만 있는 것이 아니라 다수(many)가 있음을 암시하는 것이다. R. T. France, 227.

14) J. R. Edwards, *The Gospel according to Mark,* The Pillar New Testament Commentary (Grand Rapids: Wm. B. Eerdmans Publishing Co., 2002), 154-155.

15) 계 20:1-3에서 천사는 사탄을 천 년 동안 쇠사슬로 묶는다. 그런데 여기서는 아직 사탄이 묶이지 않았다.

16) '제어하다'에 해당하는 동사 *damasai*는 야고보서 3:7에서 야생 짐승을 길들이는 것과 관련하여 사용되었다.

서 살고 있는 더러운 귀신들린 사람과 만나셨다. 그리고 그들 주위에는 더러운 일에 종사하고 있는 더러운 사람들이 있었다.

6-13절: 귀신의 간청

귀신들린 사람이 예수님을 보고 달려와서 절한다(6절).[17] 절하는 것은(*prosekunesen*) 일반적으로 신적인 존재 혹은 상당한 힘을 가진 존재에게 경외심을 표현하는 행위이다(참고: 15:19). 게다가 귀신이 먼저 예수님에게 나아오는 것은 예수님이 귀신보다 더 강하다는 뜻이다.[18] 따라서 비록 예수님과 마귀라는 두 영적 세력이 마주 쳤으나, 예수님이 마귀보다 더 강한 존재임이 부각된다. 즉, 마귀는 예수님과 대등하게 대결을 펼칠 수 있는 존재가 아닌 것이다.

마귀의 제스처는 이어지는 고백과 연관된다(7절). 먼저, 그는 예수님에게 '지극히 높으신 하나님의 아들 예수여'라는 칭호를 붙인다.[19] 이는 그가 예수님의 정체를 정확하게 알고

---

17) 마가는 2절에서 예수님이 배에서 내리자마자 귀신들린 사람이 예수님을 만나기 위해 온 것으로 말한다. 그런데 6절은 에는 귀신들린 사람이 예수님을 만나는 것이 다시 언급되어 있다. 따라서 어떤 사람들은 2절과 6절이 겹쳐진 것은 이 내러티브가 어설프게 편집되었기 때문이라고 주장한다. 그러나 2절은 내러티브의 중심인물인 예수님과 귀신들린 사람을 소개하기 위한 것이다. 2절은 6절로 곧바로 이어지며 가운데 있는 3-5절은 귀신들린 사람의 상태에 대한 삽입구적인 설명(parenthetical description)이다. R. C. France, 227을 보라.

18) R. C. France, 228을 보라.

19) '지극히 높으신 하나님'(*el elyon*)이란 용어는 DSS에서 15회 사용되었으나, 랍비 문헌에서는 거의 사용되지 않았으며, 구약성경에는

있음을 암시한다(cf. 1:24 ; 3:11). 흥미롭게도 귀신의 말은 4:41에서의 제자들의 질문에 대한 답변의 기능을 한다. 더욱이 독자들은(paradigmatic readers) 심지어 귀신도 알고 있는 예수님의 정체에 대해서 듣게 된다.[20] 여기서 예수님을 향해 '지극히 높으신 하나님의 아들'이라고 말한 것은 그분의 하나님과 관련한 독특한 위치와 강력한 권세(능력)를 드러낸다. 귀신은 예수님에게 '나와 당신이 무슨 상관이 있나이까?'라고 묻는다. 이는 예수님이 유대 땅에서 귀신을 쫓아내실 때 귀신이 말한 것과 동일하다(1: 21-28, 특히 24절).[21] 귀신은 이어서 예수님에게 '하나님 앞에 맹세하고 나를 괴롭히지 마옵소서'라고 간청한다(7절b ; 참고 : 왕상 2 : 42 ; 대하 36 :13). 일반적으로 이런 말은 귀신을 쫓아내는 사람(exorcist)이 하는데, 여기서 귀신이 하는 것은 그가 하나님의 능력을 두려워하고 있다는 증거이다.[22]

31회 등장한다. 참고: 창 14 : 18 ; 민 24 : 16; 사 14 : 14 ; 단 3 : 26 ; 눅 1: 32, 35, 75 ; 6 : 35 ; 행 7 : 48 ; 16 : 17 ; 히 7 : 1; *Acts of Thomas* 45. 이것은 이스라엘의 하나님에 대한 이방인들의 호칭이었다. 따라서 이방 지역에 있는 귀신이 부르기에 적합하다.

20) 물론 이것은 신앙 고백이 아니다. 이것은 단지 초자연적인 존재의 놀라운 지식일 뿐이다.

21) 1: 21-28은 예수님이 유대 땅에서 귀신을 쫓으신 것을 기록하고, 5:1-20은 예수님이 이방 땅에서 귀신을 쫓으시는 것을 기록한다. 마가는 분명히 유대 땅에서의 귀신 축출 기사와 이방 땅에서의 귀신 축출 기사를 병행 관계에 둔다. John R. Donahue & Daniel J. Harrington, *The Gospel of Mark*, Sacra Pasina (Collegeville : The Litergical Press, vol, 2, 2002), 164.

22) 귀신이 사용한 '괴롭히다'(*basanises*)라는 단어는 종말론적인 문맥에서 자주 사용된다(예: 마 18 : 34 ; 눅 16 : 23, 28). 특히 계시록에서 괴로움은 타락한 바벨론의 운명이다 (18 : 7, 10, 15). 마귀는 하나님의 궁극적인 심판을 두려워한다. John R. Donahue & Daniel J.

마가는 귀신이 이렇게 말한 것은 이미 예수님이 귀신을 향해 사람에게서 나오라고 말씀하셨기 때문이라고 설명한다(8절). 그런데 어떤 학자들은 '말하다'(*elegen*)의 시제가 미완료이기 때문에 이 표현을 he had been saying으로 이해해야 한다고 주장한다. 이러한 이해는 예수님이 귀신 축출을 여러 차례 시도했으나 실패하였음을 암시한다. 그러나 John R. Donahue & Daniel J. Harrington은 J. H. Moulton이 *A Grammar of New Testament Greek*(Edinburg : T&T Clark, 1963), 64-65에서 '동작의 개시를 의미하는 미완료'(inchoative imperfect)를 말하고 있으며, Friedrich Blass & Albert Debrunner & Robert W. Funk가 *A Greek Grammar of the New Testament and Other Early Christian Literature*(Chicago : University of Chicago Press, 1961) no. 223 [4]에서 미완료는 부정사 앞에서 *emellen*(*mello*의 미완료)과 같은 의미를 가진다고 주장한 것을 근거로 하여 이는 예수님이 '어떤 일을 막 시행하려 함'을 뜻한다고 주장한다.[23] 즉 예수님이 이미 귀신 축출을 시도하신 것이 아니라 이제 막 시행하고 있었다는 것이다. 하지만 가장 무난한 해석은 상황을 동시적으로 이해하는 것이다. 즉, 비록 언급은 없으나 예수님이 귀신에게서 나가라는 명령을 하셨고 그와 동시에 귀신은 자신을 다른 곳으로 보내지 말라고 간청한 것으로 볼 수 있다는 말이다. 내러티브는 귀신을 축출하는 데 시간이 많이 소요된 것으로 말하지 않는다. 예수님과 귀신은 매우 짧게 대화했을 뿐이다.[24]

Harrington, 165.

23) John R. Donahue & Daniel J. Harrington, 165.

24) ESV는 이 구절을 'he was saying to him'이라고 번역함으로써 동

예수님은 귀신에게 이름을 물어보신다(9절).[25] 귀신의 이름을 물어보는 것은 당시의 일반적인 귀신축출 방법으로서 상대방을 능가하는 힘을 가지고 있음을 상징한다.[26] 그런데 사실 예수님은 이미 귀신에 대한 모든 정보를 알고 계신 분이다. 따라서 굳이 귀신의 이름을 물어보시는 것은 귀신이 다수(many)이며 따라서 강력한 힘을 가지고 있음을 사람들에게 보여 주기 위한 의도로 보인다. 귀신은 자신의 이름이 '군대'(*Legion*)라고 대답한다. 레기온(*Legion*)은 라틴어에서 빌려온 군사 용어로서 약 4000-6000명으로 이루어진 부대 단위이다. 이 단어는 당시에 헬라 문학에서 많은 숫자를 표현하기 위한 메타포(metaphor)로서 광범위하게 사용되었다.[27] 따라서 여기서의 레기온(*Legion*)은 엄청나게 많은 수의 귀신을 뜻하기 위한 의도일 것이다.[28]

아이러니하게도, 엄청난 수의 마귀는 예수님에게 자신들을

시성을 강조한다. 반면에 NRSV는 'he had said to him'이라고 번역하여 시간의 차이를 허용한다.

25) 마가는 9절에서야 비로소 예수님의 말씀을 언급한다. 그리고 예수님은 19절에 가서야 다시 말씀하신다. 예수님은 폭풍을 잠잠케 하실 때에도 많이 말씀하지 않으셨다(4:35-41). 마가복음의 이적 기사에서 예수님은 그리 많이 말하지 않으신다. 따라서 예수님의 능력은 매우 조용히 드러난다. 그분의 행동은 마치 밭에서 조용히 자라는 씨와 같다(4:1-34).

26) 마귀론을 수록한 유대 문헌인 *Testament of Solomon* 11:5(기록연대: AD 1-3세기)에는 솔로몬이 마귀의 이름을 물어보고 마귀가 이름을 알려 주는 장면이 기록되어 있다.

27) Bonnie Bowman Thurston, *Preaching Mark* (Minneapolis: Fortress Press, 2002), 62.

28) 이를 근거로 본문의 사회-정치학적인 해석을 시도하는 것은 적절하지 않다.

그 지방에서 내보내지 말아달라고 간구한다(10절). '간구'(*parekalei*)는 힘이 약한 자가 힘 센 자에게 도움을 호소하는 행위이다(참고. 1:40; 7:32; 8:22; 마 18:29). 따라서 다시 귀신의 약한 힘과 예수님의 강한 힘이 대조된다.[29]

마침 거기에 '돼지의 큰 떼'가 있었다(11절). 이러한 표현은 이방 땅, 귀신, 무덤 등과 함께 부정의 이미지를 연상케 한다. 귀신들은 돼지에게로 들어갈 수 있도록 요청한다(12절). 이러한 요청의 행위를 통하여 다시금 예수님의 권위가 드러난다. 예수님은 그들이 돼지에게 들어가기를 허락하신다(13절).[30] 그러자 약 2000 마리나[31] 되는 돼지 떼가 갈릴리 바다로 돌진하여 몰살한다. 이는 귀신의 엄청난 능력을 부각시킨다. 2000 마리의 돼지가 죽은 것은 경제적으로 큰 손실이다. 그러나 마가는 이에 대해서 언급하지 않는다. 내러티브의 요점은 한 사람을 마귀로부터 구해 내는 것은 엄청난 경제적 대가와 비교할 수 없다는 사실이다. 아이러니하게도 예수님은 바다에서 살아나신 후에(4:35-41), 마귀를 그곳으로 보내셨다.[32] 그리하여 예수님은 더러운 지역에 있던 더러운 귀신을 더러운 짐

29) 고대에 마귀들은 특정 지역에 머물기를 좋아했다(보라: 눅 11:24-27).

30) R. C. Thompson에 따르면, 바벨론의 구마법(exorcistic incantation)에는 종종 쫓겨난 마귀들이 머물 곳으로 돼지 떼에 들어간다. R. C. Thompson, *The Devils and Evil Spirits of Baylonia* (London: Luzac, 1903/4), 210-215.

31) 마태복음과 누가복음은 돼지들의 숫자를 생략했다.

32) 마귀들은 물을 무서워한다. *Testament of Solomon* 5:11에서 힘 센 마귀 Asmodeus는 솔로몬에게 자신을 바다로 보내지 말 것을 간구한다. 이는 마귀가 물을 두려워함을 보여 준다.

승들의 몰사를 통해서 정화하셨다.

14-17절: 마을 사람들의 반응

이제 마가는 귀신 추방 이적을 목격한 마을 사람들의 반응을 소개한다. 예수님이 귀신을 쫓아내셨다는 소식이 마을에 전해지자 사람들이 그것을 보기 위해서 모여 들었다(14절). 그들은 귀신들렸던 사람이 온전하게 된 모습을 보고 두려워한다(15절).[33] 여기서 '두려워하다'(*ephobethesan*)라는 단어는 4 : 41에서 제자들의 두려움을 말할 때에도 사용되었다. 게다가 마가는 형태까지도(indicative aorist middle/passive) 일치시킨다. 이렇게 함으로써 그는 폭풍을 잠잠하게 하신 이적 기사와 본문의 마귀 제압 기사의 연관성을 다시금 부각시킨다. 즉 세상을 지배하는 예수님의 권능을 더욱 심화하여 드러내는 것이다. 앞의 이적에서 제자들은 폭풍 자체보다 폭풍을 잠잠하게 하시는 예수님의 힘을 더 두려워했다. 마찬가지로 마을 사람들은 귀신들림 자체보다 귀신을 쫓아내신 예수님의 힘을 더 두려워한다.

그러나 사람들은 예수님이 마을을 떠나시기를 간구한다(17절). 그들은 예수님의 권능을 보았으나 믿음(회심)에 이르지는 못했다. 그들은 오히려 예수님을 배척한다(참고: 요 1:11).

---

33) 이 단어의 정확한 영어 번역으로 'afraid'(negative psychological overtones) 보다는 'fear'(religious awe at the demonstration of the power of God)가 적당하다. John R. Donahue & Daniel J. Harrington, 167을 보라.

사람들이 예수님에게 떠나달라고 요청한 이유는 돼지들이 죽음으로써 자신들의 수입원이 줄어들게 되었기 때문일 것이다. 따라서 그들은 인간적인 계산의 결과에 따라 예수님을 거부한다. 한편, 여기서 '간구하다'(*parakalein*)라는 동사는 10절에서 마귀들이 그 지역에 계속 머물게 해 달라고 요청할 때 사용한 단어이다. 따라서 동네 사람들의 요청을 앞에서와 같이 강한 자에 대한 약자의 요청이라는 맥락에서 이해할 수 있다. 즉, 이 단화(短話: pericope)에서 예수님의 힘과 권위가 시종 강조되는 것이다. 그러나 예수님의 권위에 대한 인정이 반드시 신앙으로 이어지는 것은 아니다. 심지어 귀신도 예수님의 권위를 인정했기 때문이다.[34] 결국 떠나야 할 귀신은 떠나지 않고 떠나지 않아야 할 예수님이 떠나시게 되었다.

18-20절: 귀신에게서 놓임을 받은 사람의 활동

귀신에게서 놓임을 받은 사람은[35] 자신이 예수님과 함께 있게 해 달라고 간구한다(18절). '그와 함께 있기를'(*hina met' autou he*)은 인칭이 복수에서 단수로 변화된 것 외에 3:14에서 예수님이 12 제자들을 부르실 때 사용하신 말과 동일하다. 마가의 독자들은 마귀 들렸던 사람이 예수님의 제자가 되기를 간구하는 것을 통해서 제자도에 대한 교훈을 받을 것이

---

34) 이후 귀신에게서 놓임을 받은 사람이 데가볼리에 사는 사람들에게 '예수님의 하신 일'(복음의 메시지)을 전했을 때에도 그들은 놀라기는 했을 뿐 신앙을 가지지 않았다(20절).

35) 앞에서는 '귀신들린 사람'이었으나 이제는 시제가 바뀌어서 '귀신들렸던 사람'(the man who had been possessed with demons)으로 묘사된다. 이는 귀신이 사람에게서 완전히 나갔기 때문이다.

다.[36] 그러나 이러한 요청을 예수님은 허락하지 않으신다(19절). 예수님이 그를 받아들이지 않으신 것은 그가 완전히 치유되지 않았거나 그를 믿을 수 없었기 때문이 아니다. 그것은 아마도 열 두 제자가 이미 선택되었을 뿐만 아니라, 지금 단계에서 이방인 제자를 받아들이는 것은 이스라엘 선교에 걸림돌이 될 가능성이 있기 때문일 것이다.

예수님은 오히려 집으로 돌아가서 예수님이 하신 일을 가족에게 알리라고 하신다. 여기서 가족은 좁게는 가족(친척)이고, 넓게는 고향 사람들이다. 그리고 '알리라'(*apaggeilon*)라는 단어는 14절에서도 사용되었는데, 초기 기독교의 선교적 용어였다(참고: 행15:27; 26:20 등). 따라서 그는 비록 예수님을 따르지는 못했으나 예수님의 행적을 전하는 자가 되었다. 마가복음에서 대체로 예수님은 이적 후에 이적을 다른 사람들에게 알리지 말라고 당부하신다(1:34, 45; 5:43; 7:36; 8:26). 그러나 이는 오해와 거짓 메시야사상이 유발될 수 있는 유대 땅에서만 적용되었다. 그러한 가능성이 없는 이방 땅에서는 침묵할 필요가 없다.[37]

---

36) 한편, 여기서 다시 '*parekalei*'가 사용되어서 예수님의 권위가 강조된다(참고: 10, 12, 17, 18절).

37) 막 7:31-37에서 예수님은 데가볼리에서 귀먹고 어눌한 사람을 고치신 후에 침묵을 명하신다. 이는 마가복음에서 예수님이 이방 지역에서 침묵하라고 명하신 유일한 곳이다. 이는 그들의 예수님에 대한 이해가 온전하지 못했기 때문일 것이다. 이제 유대인들처럼 이방인들 역시 예수님에 관한 잘못된 지식을 가질 가능성이 있었다. 그리하여 예수님은 침묵을 명하신다. 예수님의 죽음과 부활 이후 보혜사의 도움으로 비로소 그들의 기독론적 지식이 온전해질 것이다).

귀신에게서 자유롭게 된 사람은 이제 데가볼리에서 예수님이 자신에게 행하신 일을 전파한다(20절).[38] 마가복음에서 '전파'(proclamation)는 세례 요한(1:4, 7); 예수님(1:14, 38, 39); 제자들(3:14; 6:12), 예수님에게서 치유 받은 사람들(1:45; 5:20; 7:36), 그리고 부활 이후의 교회(13:10; 14:9)의 특징적인 행위였다.[39] 비록 예수님은 그 지역을 떠나셨으나 그가 하신 일은 여전히 사람들에게 회자된다. 다른 말로 하면, 예수님은 떠나신 것이 아니라 제자가 전하는 복음의 메시지를 통하여 다른 방식으로 그들 가운데 존재하신다. 결국 귀신에게서 놓임 받은 사람의 활동은 예수님이 후에 두로 지방에서 돌아오신 후에 데가볼리 지역에 속한 갈릴리 호수 근처에서 말씀을 전하실 때 많은 사람들이 몰려온 것의 원인이 된다(7:31-8:9).

3. 신학적 메시지(Theological Messages)

다음은 본문이 주는 신학적 메시지이다.

1) 마귀는 인간을 불행하게 만든다

귀신들린 사람의 상태는 매우 처참하다. 그는 무덤에서 밤

38) 여기서 주목할 만한 것은 예수님께서 고침을 받은 사람에게 '**주**께서 네게 어떻게 큰일을 행하사 … 알리라'(19절)라고 언급하셨는데, 고침을 받은 사람은 '**예수**께서 자기에게 어떻게 큰 일 행하셨는지를 … 전파하니'(20절)로 바꿈으로써 '주'와 '예수'를 동일하게 생각하고 있음이 드러난다는 사실이다.

39) John R. Donahue & Daniel J. Harrington, 168.

을 보내고, 밤에 돌아다니고, 소리를 지르고, 돌로 자기의 몸을 해친다. 그는 자신을 학대할 뿐만 아니라 또한 다른 사람들에게도 피해를 주기 때문에 쇠사슬과 고랑으로 묶여 있다. 그는 마치 짐승과 같은 상태가 되었다. 악한 세력들은 이처럼 인간을 철저하게 결박하여 멸망시키고 종국에는 죽음에 이르게 한다. 마귀에게는 약간의 자비심이나 동정심도 없다. 그에게는 오직 무력화와 황폐화와 파괴성만 있을 뿐이다. 게다가 그의 공격루트는 다양하다. 마귀는 비단 귀신들림뿐만 아니라 정치와 문화와 학문 등 모든 수단을 동원하여 사람들을 파멸에 이르게 한다. 따라서 그리스도인들은 이러한 마귀의 존재와 힘을 인지하고 주의해야 한다.

2) 예수님은 강력한 힘으로 마귀의 역사를 깨뜨리신다

예수님은 귀신과 대결하시는 분이다. 그러나 그분은 마귀와 대등하게 대결하시는 분이 아니다. 그분은 귀신을 훨씬 능가하는 힘과 권세를 가지고 계신다. 귀신 역시 초자연적인 지각으로 예수님의 절대성을 알고 인정한다. 그는 예수님을 지극히 높으신 하나님의 아들이라고 부르며, 그분에게 여러 차례 간청한다. 이는 심지어 귀신도 인정하는 예수님의 권세이다. 이처럼 전능하신 예수님은 귀신들린 자를 자유롭게 하셨다. 이는 그에 대한 예수님의 사랑에서 우러나온 행동이다. 그러나 나아가서 귀신을 대적하는 것은 하나님 나라의 도래(coming)를 가능하게 한다. 하나님의 나라와 귀신의 나라가 공존할 수 없다. 예수님은 사랑의 힘으로 하나님의 나라가 임하게 하신다. 더구나 예수님은 이러한 은총을 이방 땅에서 베푸셨다. 그러므로 하나님의 나라는 모든 사람들에게, 즉 유대인뿐만 아니라 이방인들에게도 임한다.

3) 예수님의 구원하시는 사역을 널리 전파해야 한다

거룩한 영을 받으신 예수님이 더러운 영을 파멸하신 일은 널리 전파되어야 한다. 예수님은 귀신들렸던 사람에게 그분의 '큰 일'을 전하라고 명령하셨다. 이는 귀신의 권세에서 고통당하는 사람들에게 '좋은 소식'(복음)이다. 마귀로부터의 자유(liberation from evil)는 자유를 위한 선교(liberation for mission)로 나아간다. 신자들은 사탄의 세력을 파멸하시는 예수님(메시지)을 전함으로 예수님의 사역이 지속되게 해야 한다. 예수님은 이미 떠나셨으나(absence) 제자들이 전하는 메시지를 통하여 여전히 그들 가운데 계신다(presence).

십자가에 달린 그리스도는 어떤 분인가?

눅 23 : 32 - 43

정연해 (Th. D.)

23또 다른 두 행악자도 사형을 받게 되어 예수와 함께 끌려가니라. 33
해골이라 하는 곳에 이르러 거기서 예수를 십자가에 못 박고 두 행
악자도 그렇게 하니 하나는 우편에, 하나는 좌편에 있더라. 34이에
예수께서 가라사대 아버지여 저희를 사하여 주옵소서. 자기의 하는
것을 알지 못함이니이다 하시더라. 저희가 그의 옷을 나눠 제비뽑을
새, 35백성은 서서 구경하며 관원들도 비웃어 가로되 저가 남을 구원
하였으니 만일 하나님의 택하신 자 그리스도여든 자기도 구원할지
어다 하고, 36군병들도 희롱하면서 나아와 신 포도주를 주며, 37가로
되 네가 만일 유대인의 왕이어든 네가 너를 구원하라 하더라. 38그의
위에 이는 유대인의 왕이라 쓴 패가 있더라. 39달린 행악자 중 하나
는 비방하여 가로되 네가 그리스도가 아니냐 너와 우리를 구원하라
하되, 40하나는 그 사람을 꾸짖어 가로되 네가 동일한 정죄를 받고서
도 하나님을 두려워 아니하느냐? 41우리는 우리의 행한 일에 상당한
보응을 받는 것이니 이에 당연하거니와 이 사람의 행한 것은 옳지
않은 것이 없느니라 하고, 42가로되 예수여 당신의 나라에 임하실 때
에 나를 생각하소서 하니, 43예수께서 이르시되 내가 진실로 네게 이
르노니 오늘 네가 나와 함께 낙원에 있으리라 하시니라.

I. 들어가는 말

다음 주일이 종려 주일이고 그 주간이 고난 주간이다. 고난 주간을 앞두고 십자가에 달리신 그리스도를 소개하고 있는 누가복음 23:32-43을 묵상한다는 것은 매우 시의 적절하다고 생각된다. 이 본문은 마가복음을 자료로 하여 누가가 그의 복음서를 기록하였다고 학자들은 생각한다.[1] 그럼에도 불구하고 누가는 본문에서 예수님께서 십자가에 달리셔서 자신을 십자가에 못을 박은 자들을 위하여 아버지 하나님께 드린 사죄(赦罪)의 기도 내용과 예수님과 함께 십자가에 못 박힌 두 행악 자들의 대화와 회개한 행악자가 낙원으로 들어갈 것이라는 예수님의 선언을 언급함으로 다른 복음서와는 큰 차이를 나타낸다. 본문에 언급된 누가의 독특한 기사에는 마태복음이나 마가복음 또는 요한복음이 줄 수 없는 누가복음만이 가지는 특별한 메시지가 있다. 우리는 본문을 통해서 십자가에 달리신 그리스도가 어떤 분인지를 살펴봄으로써 누가만이 전해 주는 그리스도에 관한 독특한 메시지를 찾고자 한다.

II. 누가복음 23:32-43의 구조

설교 본문을 결정함에 있어서 단락 결정을 분명하게 함이 좋다. 그렇게 할 때 그 단락을 통하여 주시는 메시지를 찾기가 쉽다. 우리 본문의 단락의 범위는 예수님께서 십자가의 사형 언도를 받고 사형장으로 가는 도중에 죽음으로 가는 예수님을

---

1) Mark Allan Powell, 『복음서 개론』 허주 옮김 (고양, 경기도: 크리스찬출판사, 2003), 132.

안쓰럽게 여기며 울고 따라오는 여자들에게 나를 위하여 울지 말고 다가올 예루살렘의 심판을 위하여 울라고 하시면서 예루살렘 심판에 대한 경고의 말씀을 하신 다음(23 : 26 -31), 두 행악자들이 등장하는 시점과 예수님께 대한 두 행악자들의 반응에 따라 그들의 운명이 서로 갈라지면서 그들이 무대 위에서 사라지는 시점까지이다. 이 단락(눅 23 : 32 - 43)은 다음과 같은 구조로 구성되어 있다.

예수님께서 두 행악 자들과 함께 사형장으로 끌려가 십자가형을 당하신다(32-33절)

예수님께서 아버지께 죄인들을 위한 사죄의 기도를 드리신다[2](34a절)

예수님께 대하여 군인들과 백성은 전혀 동정심이나 관심이 없다(34b-35a절)

예수님의 수난의 절정: 예수님께서 비웃음과 조롱을 당하신다(35b-39절)

예수님께 조롱하는 행악 자를 다른 행악 자가 비난한다(40-41절)

예수님께서 두 번째 행악 자로부터 죄 용서를 위한 기도를 받으신다(42절)

예수님께서 회개한 행악 자에게 함께 낙원으로 가실 것을 선언하신다(43절)

---

2) 구약 제사에 있어서 가장 중요한 요체(要諦)는 죄 용서를 얻게 하는 대속 제물의 "피"였다. 예수님의 구속 사역의 핵심도 죄 용서함이다. 마태와 마가는 예수님의 피 흘리심은 많은 사람의 죄를 용서하기 위하여 흘리는 것으로서 언약의 피라고 한다(마 26:28; 막 14:24; cf. 10:45). 마태나 마가는 십자가의 죽으심의 의미를 말씀으로 표현하지만, 누가는 예수님께서 십자가에 달리셔서 대제사장으로서 자신의 몸을 찢으시고 자신의 피를 흘려 하나님께 제사를 드리면서 친히 많은 사람의 죄 용서를 위한 대제사장으로서의 기도를 올리고 있는 현장의 모습을 그대로 보여주고 있다.

본문은 예수님과 행악자들로 감싸는 인클루지오(inclusio)와 예수님의 수난을 절정으로 하는 교차 대칭 구조(chiastic structure)로 매우 정교하게 구성되어 있다. 누가는 인클루지오를 통해, 우리에게 죄인들이 예수님께 가까이 나가지만 구속의 은혜는 자신의 죄를 인정하고 회개하며 자신을 예수님께 맡기는 사람에게만 주어진다는 사실을 보여 준다. 한편 누가는 교차 대칭 구조를 통해, 예수님께서 십자가 위에서 대제사장으로서 속죄(贖罪)의 기도를 아버지께 드리는 가운데, 우리의 죄를 담당하시기 위하여 입으셨던 옷이 다 벗겨지고 예수님의 정체성과 사명에 대한 온갖 조롱과 비웃음으로 인하여 예수님이 받으실 수 있는 수난의 절정에 이름을 강조한다.

III. 설교자를 위한 본문 주석

1. 두 행악자들과 함께 사형장으로(32-33절)

누가는 다른 복음서 저자들과는 달리, 예수님께서 십자가를 지시기 전부터 두 행악자를 언급하고 있다(참고. 막 15:27; 마 27:38, 44; 요 19:18). 또한 그는 두 행악자들의 이야기를 뒤에 가서 더 발전시키고 있다. 마가와 마태는 독립 운동가를 지칭할 수도 있는 "강도"(λῃστής, 이 단어는 열심당(Zealots)과 서로 교환 가능한 명칭이다)[3]로 요한은 "다른 사람" (ἄλλος)으로 표현하지만, 누가는 "행악자"(κακοῦργος)로 표현하고 있다. 행악자란 불법을 행하는 자로서 죄인을 가리키는 가장 일반적인

3) F. F. Bruce, *New Testament History* (New York : Doubleday, 1969), 97.

총칭으로 사용되는 용어이다.4)

누가는 여기서 독립 운동가와 함께 로마의 사형 집행 방법인 십자가형을 받는 다는 인상을 지우기 위하여 누가 자신만의 독특한 표현인 불법을 행하는 자라는 죄인을 가리키는 가장 일반적인 용어인 "행악자"(κακοῦργος)를 사용하여, 예수님은 "범죄자 중 하나로 헤아림"(사 53:12)을 입었다는 말씀을 상기시키는 것으로서 그가 인용하였던 말씀인 "불법자의 동류로 여김을 받았다"(눅 22:37)는 말씀을 성취하고 있음을 보여 준다. 다시 말하면, 예수님이 행악자들 사이에서 죽으셨다는 것은 죄인들인 우리의 죄를 짊어지시고 죽었다는 것을 자신의 독특한 언어로 독자들에게 보여 주는 것이다.

2. 십자가 위에서 드리는 예수님의 대속(代贖)의 기도 (34a 절)

예수님은 십자가에 못 박히시자 곧(δέ, then) 십자가 위에서 복수를 준비하신 것이 아니라 자기를 죽이는 자들을 위하여 하나님 아버지께 용서의 기도를 드리셨다. 십자가 위에서

---

4) Ceslas Spicq, *Theological Lexicon of the New Testament*, vol. 2, trans. & ed. by James D. Ernest, (Peabody, MA: Hendrickson, 1994) 241-42. "행악자"(κακοῦργος)라는 표현은 신약에 누가 외에는 바울이 딤후 2:9에서 한 번 사용하였다. 그리고 구약(LXX 잠언 21:15)과 외경(LXX 에스더 8:12[16]; 시락 11:33)에서 사용되었는데 잠언에서는 κακοῦργος가 불법을 행하는 자(doer of iniquity)로서 의인(the just person who practices equity)의 반대되는 의미로 사용되었다. 에스더 8:12[16]과 시락 11:33에서는 κακοῦργος가 죄인에 대한 가장 일반적인 총칭으로서 사용되었다. 한편, 많은 헬라 문학에 사용된 용례에 따르면 행악 자는 십자가형을 받는 살인자들이었다.

의 예수님의 기도는 본문 비평적으로 볼 때 어떤 고대 사본들에 생략되어 있어서 문제가 있지만[5] 교회는 전통적으로 본문으로 읽어 왔다. 십자가 위에서 드리는 예수님의 죄 용서를 위한 기도는 누구의 죄가 용서 받기 위한 기도일까? 기도문을 생략한 고대 사본 필사자들은 어쩌면 예루살렘 성의 멸망과 성전의 참혹한 파멸을 보고 유대인들이 용서를 받지 못하였다고 생각하면서 예수님의 기도가 응답되어지지 않았다고 생각하고 고의적으로 예수님의 기도를 생략하였을 수도 있다.[6] 이렇게 생각한다면 예수님의 기도를 생략한 고대 필사자들은 예수님의 기도는 자신을 십자가에 못 박아 죽인 사람들을 유대인들(눅 23:13)이라고 생각하고 그들을 위한 기도라고 생각하고 있는 것 같다. 예수님의 기도는 누구를 위한 기도인가? 자신을 십자가에 못 박는 사람들을 용서하기 위한 기도라고 한다면, 누가 예수님을 십자가에 못 박아 죽였는가? 눅 9:22(참고. 행 2:36; 3:12-15; 10:39)에는 유대인들이 예수님을 죽일 것으로 예고되었다. 동시에 눅 18:32-33에서는 예수님이 이방인들에게 죽임을 당할 것으로 예고되었다. 특히 눅 9:44은 사람들에 의해서 죽임을 당할 것이며, 24:7은, 예수님은 죄인들에게 죽임을 당한다고 한다. 한편, 눅 23:13-25에서 언급되는 "저희(they)"는 문맥적으로 보아서 13절

5) 본문의 예수님의 기도가 생략된 사본과 포함하고 있는 사본의 확인은 헬라어 신약 성경 비평 주를 참고하라. UBS 4판 헬라어 신약성경의 비평 주석은 예수님의 기도가 원문일 확실성의 정도를 등급 A로 표시한다.

6) Roger L. Omanson, *A Textual Guide to the Greek New Testament: An Adaptation of Bruce M. Metzger's Textual Commentary for the Needs of Translators*(Stuttgart, Germany: Deutsche Bibelgesellschaft, 2006), 152.

에서 언급된 "대제사장들과 관원들과 백성"임에 틀림없다. 그러나 눅 23:26-34까지 언급되는 "저희(they)"도 13절에 언급된 유대인들로 볼 수 있지만, 25절에서 빌라도가 13절에서 언급된 "대제사장들과 관원들과 백성"의 뜻에 따라 예수님을 넘겨주었다고 하는데 예수님을 넘겨받은 자들이 26절에서 언급되는 "저희(they)"임에 틀림없다. 그러면 예수님을 넘겨받은 그들은 누구인가? 누가는 분명하게 말하고 있지는 않지만, 어쩌면 36절에 언급되고 있는 로마 군인들일 가능성이 가장 많다. 그렇다면, 예수님을 죽인 자들은 13절에 언급된 "대제사장들과 관원들과 백성"의 뜻에 따라 빌라도의 재판 결정에 의해서 로마 군인들이 예수님을 직접 십자가에 못 박아 죽였을 것이다(참고. 행 2:23).[7] 그렇다면 예수님은 유대인이든 이방인이든 모든 죄인들에 의해서 죽임을 당하였다고 보아야 할 것이다. 따라서 예수님의 십자가 위에서의 기도는 유대인과 이방인을 포함한 모든 죄인들의 죄를 용서하시는 기도, 다시 말하면, 온 세상 사람들의 죄 용서를 위하여 드리는 완전한 속죄(贖罪)를 위한 기도라고 보아야 할 것이다.[8] 예수님을

7) Raymond E. Brown, *The Death of the Messiah*, vol. 1(New York: Doubleday, 1994), 857.

8) Raymond E. Brown, *The Death of the Messiah*, vol. 2 (New York: Doubleday, 1994) 973; Joel B. Green, *The Gospel of Luke*, NICNT (Grand Rapids, MI: Eerdmans, 1997) 819-20; Arthur A. Just Jr., *Luke, 9:51-24:53*, Concordia Commentary (Saint Louis, MO: Concordia publishing House, 1997), 924, 933; Fred B. Craddock, *Luke, Interpretation: A bible Commentary for Teaching and Preaching* (Louisville, KY: John Knox Press, 1990), 273. Craddock은 누가가 의도적으로 예수님을 십자가에 못 박은 사람들을 모호하게 만들어 유대인과 이방인 모두가 용서를 위한 예수님의 기도의 대상이 되도록 하였다고 말한다.

십자가에 못 박은 모든 사람들은 자기들이 행한 그 일이 무엇인지 알지를 못하였다. 사실 예수님을 십자가에 못 박은 모든 사람들인 유대인이나 이방인 모두, 심지어 예수님의 열두 제자들조차도 예수님이 부활하실 때까지는 예수님이 누구신지, 예수님의 정체성을 알지 못하였다(행 3:17; 13:27; 참고. 7:25). 그래서 그들은 예수님을 십자가에 못 박은 것이다. 그러나 예수님은 알지 못하여 그들이 행한 일들에 대하여 사죄의 기도를 하셨던 것이다.[9] 예수님의 이러한 속죄의 기도는 원수를 사랑하고 자신을 모욕하는 자를 위하여 기도하며 용서하라는 자신의 교훈(눅 6:27-28, 35; 11:4)을 모범적으로 실천하시는 행위일 뿐만 아니라[10] 하나님의 사랑을 온전히 드러내시는 행위였다. 따라서 십자가 위에서 아버지께 드리는 예수님의 기도는 자기 백성의 죄 용서를 위한 대속의 기도로서 자신의 피를 흘려 그 피로 그 백성의 죄를 속하는 대제사장으로서의 기도이다. 온 세상 사람들의 죄 용서가 자신의 죽음에 기초하기 때문에(참고. 눅 23:42-43), 예수님께서 십자가 위에서 대속의 기도를 드리심으로 속죄의 제사가 완성되어 해가 빛을 잃고 온 땅에 어두움이 임하고 건물 성전의 지성소의 휘장이 찢어지게 되는데 그것은 성전에서 드리는 희생 제사가 이제는 끝났음을 보여 주시는 것(23:44-45)이다.

---

9) 알지 못하고 지은 죄도 죄의 책임을 져야 하기 때문에(눅 12:48) 예수님은 알지 못하고 지은 죄를 위하여 사죄의 기도를 드린다.

10) 십자가 위에서 죄인들의 죄 용서를 위한 예수님의 기도는 스데반(행 7:60)처럼 우리가 따라야 할 용서를 위한 모범적인 기도(엡 4:32; 골 3:13; 참고. 막 11:25)이기도 하지만, 이 기도는 단순히 우리가 따라야 할 모범적인 기도로만 이해하는 것은 옳지 않다. 대부분의 주석은 예수님의 이 기도를 모범적인 기도로만 보는 경향이 있다.

속죄의 제사가 완성되었기에 예수님은 자신의 영혼을 아버지께 부탁하신다(눅 23:46).

3. 예수님께 대하여 전혀 관심이 없는 군인과 백성들 (34b-35a절)

예수님께서 자기를 십자가에 못을 박은 자들의 죄를 용서해 달라는 기도를 드리고 있는 가운데(e;legen) 로마 군인들은 마치 적과 싸움에서 승리하여 전리품을 나누듯이, 예수님께서 마지막으로 걸치셨던 옷을 나누어 가지려고 제비를 뽑고 있었다. 이러한 행위는 예수님의 기도를 철저히 무시하는 것이다. 일반적으로 로마의 죄수들은 십자가 형장으로 갈 때 옷을 다 벗겨 나체로 십자가를 지고 사형장으로 가도록 하고 있다. 그러나 어떠한 이유에서인지 알 수 없지만 예수님께는 예외가 적용되었고 사형장에 와서야 옷이 벗겨져 십자가에 나체로 달리게 되었다.[11] 아이러니하게도 군인들은 자신들도 모르는 사이에 예수님의 옷을 나누어 갖기 위하여 제비를 뽑으리라는 시편 기자의 예언(시 22:18[MT 22:19; LXX 21:19])을 성취한다.

백성(lao,j)은 당시 자신들에게 최고의 관심을 끌었던 예수님의 최후를 구경하기도 하고 군인들이 예수님의 옷을 제비 뽑는 광경을 구경하기도 하였을 것이다. 물론 구경한다는 것은 관심이 있다는 표시일 수 있다. 그러나 백성은 긍정적이

---

11) 이 문제에 관하여 자세한 것은 Brown, *The Death of the Messiah*, vol. 2, 952-53를 참고하라.

든, 부정적이든 어떠한 방법으로든지 적극적인 행동을 하지 않는다. 그것은 별로 관심이 없다는 증거이다. 그러나 눅 23:13, 18을 참고하면, 백성도 한때는 적극적으로 예수님을 십자가에 못 박도록 하는 일에 앞장섰던 사람들이었다. 그러나 지금은 예수님께 대하여 별로 관심이 없다.

4. 수난의 절정 : 비웃음과 조롱을 당하신 예수님(35b-39절)

유대 관원들과 로마 군인들은 모두 "하나님의 택하신 자 그리스도"(눅 23:35; 참고. 9:35)와 "유대인의 왕"(23:37; 참고. 23:3)이라는 예수님의 정체성과 백성을 구원하시는 예수님의 사명을 비웃고 조롱한다. 여기에 첫 번째 행악자 또한 유대 관원들과 로마 군인들의 비난에 합류하여 "그리스도"라는 예수님의 정체성과 구원하시는 예수님의 사명을 비난한다.

유대 관원은 예수님을 비웃었고 로마 군인들은 예수님을 조롱하였다. 로마 군인들이 예수님을 조롱하였다는 것은 유대 관원들의 비웃음을 반복하는 것이다. 이렇게 유대 관원들과 로마 군인들이 각각 예수님을 비웃고 조롱함을 나란히 배열시키는 것은 그들이 어떻게 서로 연합하여 하나님의 그리스도를 대적하고 있는지를 보여 주고 있다. 나체로 십자가에 달리신 예수님께서 유대인과 이방인으로부터 더 나아가 자기의 죄로 십자가에 매달린 한 행악자로부터 그의 정체성과 사명에 대하여 비웃음과 조롱을 받으시는 것은 수난의 극치를 보여 준다. 예수님께서 십자가에 매달린 이 순간은 "나는 받을 세례가 있으니 그 이루기까지 나의 답답함이 어떠하겠느냐"(눅 12:50)고 하시던 바로 그 세례를 받으시는 것이다. 이제 예수님은 십자가 위에서 비웃음과 조롱과 비방을 받으시는 가운데 아이러니하게도 "하나님의 택하신 자 그리스도"로 드러나는 것이다(눅 23:35; 참고. 9:20, 35). 이를 위하여 예수님은 세상에 들어오셨다.[12] 누가는 처음부터 예수님을 이스라엘의 왕이요 그리스도이며 구원자라고 강조하였다(1:32-33; 2:11). 조롱하는 자들은 예수님께 네가 그리스도라면 "너를 구원하라"고 네 차례(23:35, 37, 39)나 반복하여 조롱한다. 그러나 예수님은 스스로 자신을 구원하지 아니하신다.[13] 오히려 예수님은 자신의 구원을 하나님께 맡기신다(23:46). 그리스도는 반드시 고난을 받아야(9:22; 17:25; 24:7, 46; 행 3:18; 4:25-28; 17:3; 26:23) 하지만 그 고난 가운데서 스스로를 구원하는 자가 아니다. 그리스도는 그의 죽음으로부터 하나님에 의해서 구원될 것이다(행 2:24, 31-33; 5:31). 그리스도는 스스로 자신을 구원하는 자가 아니라 구원자 하나님(눅 1:47)에 의해 구원받은 자로서 자신의 죽음에 근거하여[14] 다른 사람을 구원하시는 구원자(2:11; 참고. 23:43)이시다(행 2:33-36; 3:15; 13:38-39; 26:23).[15]

예수님은 처음부터 다윗의 보좌에 앉으실 왕으로 오셨다(눅 1:32). 예수님은 다윗의 보좌에 앉아 영원히 야곱의 집을

12) Just Jr., *Luke 9:51-24:53*, 936.

13) 예수님은 지금 "누구든지 제 목숨을 구원코자 하면 잃을 것이요 누구든지 나를 위하여 제 목숨을 잃으면 구원하리라"(눅 9:24; cf. 17:33)는 자신의 교훈을 자기 자신에게 적용하신다.

14) 예수님은 죽음으로 죽음의 권세를 정복하고 승리하신다(히 2:14).

15) Cf. Jerome Neyrey, *The Passion according to Luke* (Mahwah, NY: Paulist Press, 1985), 141.

다스릴 것이다(1: 33). 예수님은 유월절 만찬을 제자들과 함께 잡수시면서 하나님의 나라가 곧 임할 것을 두 번이나 반복하여 말씀하셨다(22 :16, 18). 예수님이 말씀하신 하나님의 나라는 십자가에서 들림으로 오게 될 것이다.[16] 지금 십자가에서 수난의 절정에 이른 예수님은 하나님의 이스라엘을 재창조하기 위하여 유대인의 왕으로서 통치하시고 계신다. 십자가 위의 명패에는 조롱하는 의미로 "이 사람은 유대인의 왕이다"(23 : 38)로 새겨져 있지만, 실제는 지금 예수님께서는 그리스도이시며 유대인의 왕으로서 한 행악자를 용서하시고 하나님의 이스라엘로 재창조하시고 계신다.[17]

5. 예수님을 조롱하는 행악자에 대한 다른 행악자의 책망 (40-41절)

두 행악자들 가운데 첫 번째 행악자(눅 23 : 39)는 예수님께 지속적으로 비방하여(ἐβλασφήμει) 말하기를 "네가 그리스도가 아니냐 너와 우리를 구원하라"고 말한다. 그러나 두 번째 행악자는 첫 번째 행악자와는 정반대의 위치에 서서 "네가 동일한 정죄를 받고서도 하나님을 두려워 아니하느냐"(23 : 40)고 꾸짖는다. 예수님을 비방하는 것은 하나님을 무시하고 두려워하

16) 십자가에서의 마지막 유혹(눅 23 : 35b-39)은 9 :18에서 시작된 예수님 생애의 절정에 왔음을 보여준다. 그 이후 예수님은 거부와 수난과 지금 죽음의 길을 걸어 오셨다. 예수님의 죽음은 그의 가장 분명한 메시야적 사역(눅 9 : 22, 31)이다. 눅 9 : 51은 누가복음의 전환점을 나타낸다. 예수님은 이제 예루살렘에서 죽으시고자 그곳으로 올라가시기로 결심하신다. 예루살렘은 예수님이 그리스도로 완전하게 드러날 장소이다.

17) Just Jr., *Luke 9:51-24:53*, 937.

지 않는 행위임을 말하면서 그는 첫 번째 행악자와는 달리 죽음을 두려워하기보다는 자신이 지은 죄로 말미암아 하나님의 심판대 앞에 서 있음을 인정하면서 하나님을 두려워하고 있다. 두 번째 행악자는 첫 번째 행악자를 꾸짖는 말 가운데 두 가지 사실을 고백한다. 하나는 "상당한 보응을 받는"(ἄξιος, worthy)이라는 형용사와 "당연하거니와"(δικαίως, rightly)라는 부사로서 자신과 그의 동료 행악자의 죄를 하나님 앞에서 두려워하는 마음으로 회개하는 의미에서 인정하고 그 죄의 대가로 십자가형을 받고 있음이 정당하다고 고백한다. 다른 하나는 예수님께서 행하신 것에는 "옳지 않은 것이 없다"(οὐδὲν ἄτοπον, nothing wrong)고 고백한다. 이것은 예수님은 죄가 없으신 분이라는 사실을 고백하는 말이다(참고. 눅 23 : 4, 14, 15, 22). 이것은 그가 비록 자신의 죄로 말미암아 죽음에 직면해 있지만, 예수님께 대한 믿음의 표현이다.[18] 어쩌면 그는 자신을 죽이는 자들을 위한 사죄의 기도를 드리시는 예수님의 기도를 듣고 마음이(성령으로) 감동되어 이러한 믿음의 반응을 보이고 있다고 볼 수 있을 것이다.

6. 자신의 영혼을 예수님께 맡기는 두 번째 행악자(42절)

두 번째 행악자는 자신의 죄에 대한 대가로 그가 받고 있는 십자가형에 대한 당연함과 예수님께 대한 믿음을 고백한 후, 그는 예수님께 십자가에서 구원하여 달라고 요청하지 아니하고 "예수여,[19] 당신의 나라에 임하실 때에[20] 나를 생각

---

18) Darrell L. Bock, *Luke 9 : 51-24 : 53*, ECNT (Grand Rapids, MI: Baker Books, 1996), 1856.

하소서"(눅 23 : 42)라는 말로 하나님의 진노에서 구원하여 달라고 요청한다.[21] 첫 번째 행악자가 하나님을 두려워하지 아니하고 지속적으로 예수님을 비방하였던(ἐβλασφήμει) 것과 대조하여 두 번째 행악자는 예수님께 예수님 자신의 나라에

---

19) 어떤 사본들(A C^3 W Γ Δ Θ 0124 0135)에는 "그가 예수께 가로되 '주여, 나를 기억하소서'(ἔλεγεν τῷ 'Ιησοῦ, Μνήσθητι μου, κύριε,)"라고 되어 있다. 이것은 사본 필사자가 예수님의 이름을 부르는 것을 피하려고 했던 것처럼 보인다(Joseph A. Fitzmyer, *The Gospel According to Luke X-XXIV*, The Anchor Bible 28A, [New York : Doubleday, 1985] 1510. 그래서 Fitzmyer[p. 1508]는 행악자가 "주"라고 부르지 않고 "예수"라는 이름을 부르며 왕만이 시혜를 베풀 수 있는 긍휼을 요청하였을 것으로 본다).

20) "당신의 나라에 임할 때에(εἰς τὴν βασιλείαν σου)"라는 구절은 사본상 문제를 일으킨다. P^{75} B L 등의 사본에는 현재의 본문처럼 되어 있지만, ℵ A C W 등의 사본에는 "당신의 나라에서(ἐν τῃ βασιλείᾳ σου)"로 되어 있다. UBS 4판 헬라어 신약 성경의 비평주석은 원문의 확실성에 대하여 B 등급을 내리고 있다. 한편, UBS 3판 신약 헬라어 성경에는 "당신의 나라에서(ἐν τῃ βασιλείᾳ σου)"를 비평주석에서 C 등급으로 분류한다(Fitzmyer, *The Gospel According to Luke*, 1510). Nolland(John Nolland, *Luke 18 : 35-24 : 53*, WBC 35C, [Dallas, TX : Word Books, 1993] 1150, n. d.)는 "당신의 나라에서(ἐν τῃ βασιλείᾳ σου)"는 파루시아를 언급하는 것이기 때문에 본문의 문맥에 적절하지 않다고 말한다. Brown(*The Death of the Messiah*, vol. 2, 1006)은 "-에(εἰς)"는 영어의 into에 해당하는 뜻을 가지는 것으로서 행악자가 예수님은 지금 그의 나라로 가시는 중이었고 그곳에 도착하자마자 자신을 기억해 주기를 바라고 있음을 보여 주는 전치사라고 한다. 누가복음과 사도행전에서 ἔρχομαι(to come) 다음에 전치사 εἰς가 오는 경우는 모두 25번인데 모두가 어떤 장소에 도착함을 나타낸다고 말한다. 이 부분에 대하여 더 자세한 것은 Brown의 *The Death of the Messiah*, vol. 2, 1006-1008를 보라.

21) David Liberto, "To Fear or not to Fear? Christ as *Sophos* in Luke's Passion Narrative," *The Expository Times* 114(7, 2003) 222-23.

임할 때에 자신을 기억하여 달라(μνήσθητί)고 지속적으로 요청한다(ἔλεγεν). 다시 말하면, 예수님을 독하게 비방하며 하나님(의 나라)을 무시하였던 첫 번째 행악자와는 달리, 예수님의 이름을 부르며 간절하게 드리는 두 번째 행악자의 기도는 회개하는 기도이며 하나님의 나라를 사모하는 기도이다. 복음서 그 어디에도 그 어떠한 사람도 예수님께 대하여 존칭이나 다른 어떤 부가적인 말이 없이 직접적으로 호격을 사용하여 예수님의 이름을 부른 예는 없다.22) 그렇다고 해서 그 행악자가 예수님께 불손하게 대하였다는 것은 아닐 것이다. 그곳에 모인 모든 사람들이 다 예수님을 조롱하고 거부하거나 구경만 하는 가운데서도 예수님과 그의 말씀을 부끄러워하지 아니하고 예수님의 이름을 부르며 자신을 기억하여 달라고 부르짖는 그의 애절한 부르짖음은 예수님께 불손할 수가 없다. 그가 이렇게 담대히 예수님의 이름을 부르며 자신을 기억해 달라고 부르짖을 수 있었던 것은 자신의 구원이 예수님의 죽음으로부터 온다는 것을 생각하였기 때문이다.23)

---

22) Brown, *The Death of the Messiah*, vol. 2, 1005. 복음서에 존칭이나 부가되는 다른 말과 함께 예수님의 이름을 부른 예가 몇 곳이 있다. "나사렛 예수"(귀신이 부른 예, 막 1:24; 눅 4:34); "하나님의 아들 예수"(귀신이 부른 예, 막 5:7; 눅 8:28); "다윗의 자손 예수"(소경이 부른 예, 막 10:47; 눅 18:38); "예수 선생"(문둥병자들이 부른 예, 눅 17:13).

23) David P. Moessner, "Luke's Theology of the Cross: Salvation Today," 2005년 5월 30일(월) 대구 계명대학교 대학원 신학과 및 연합신학대학원 봄 학기 학술대회 때 강연한 강의안 14쪽. 그는 그날 강연에서 편집 비평을 비롯한 역사 비평에 있어서 복음주의자들이든 자유주의자들이든 모두가 누가는 예수님의 죽음에 어떤 속죄적인 의의를 부여하지 않는다는 주장이 정통적이라고까지 하지는 않는다 하더라도 하나의 관례가 되었다고 말한다. 그는 내러티브 비평으로 읽을 때는 누가의 십자가 신학을 볼 수 있다고 말하

7. 회개한 행악자에게 낙원을 약속하심(43절)

두 번째 행악자가 예수님의 이름을 부르며 기도하는 그 기도에 예수님은 지체하지 않으시고 응답하신다. "내가 진실로(ἀμήν) 네게 이르노니 오늘 네가 나와 함께 낙원에 있으리라"(눅 23:43)는 예수님의 대답은 그에게 구원을 약속하실 뿐만 아니라 친밀함을 나타내시는 말씀이다.[24] 누가는 여기서 예수님은 죄를 용서하시는 분일뿐만 아니라 낙원으로 들어가는 길이며 낙원으로 들어갈 사람을 판단하시고 결정하시는 왕권을 행사하시는 하나님 나라의 진정한 왕임을 보여 준다. 한편 예수님의 이 말씀은 예수님께서 죄 용서를 선언하는 재판장의 행위(5:24)로서 회개하는 행악자에게 죄 사함을 선언하는 법정적인 선언이다[25](참고. 4:21). 왜냐하면 죄인은 낙원에 들어갈 수 없기 때문이다. 따라서 회개하는 행악자가 예수님께로부터 낙원을 약속받는 것은 죄와 죽음으로부터의 구원을 암시한다. 이 행악자는 지금 십자가에 달려 죽을 것이지만 그가 낙원에 들어갈 약속을 받았다는 것은 낙원은 예수님이 계시는 곳으로서 죽음이 없기 때문에 종말론적인 생명을 약속 받은 것이다.[26] 예수님이 말씀하신 낙원(παράδεισος)은 칠십인

면서 귀로 듣는 문화로 누가복음을 읽을 것을 조언하였다.

24) Brown, *The Death of the Messiah*, vol. 2, 1009. 눅 23:43의 말씀은 누가복음에서 6번 중에서 마지막으로 나오는 "진실로"라는 표현을 사용하여 예수님께서 십자가에서 죽으시기 직전에 사람에게 마지막으로 주시는 말씀이다.

25) Susan R. Garrett, "The Meaning of Jesus' Death in Luke," *Word & World* vol. 12(No. 1, 1992), 12.

26) Neyrey, *The Passion According to Luke*, 137, 181. 눅 23:43은 예수님의 죄 용서에 대한 선언과 함께 죽음에 대한 정복을 선언하

역 창세기에서 생명나무가 있던 에덴동산을 언급할 때 사용된 단어(창 2 : 2 -10 ; 13 :10 ; cf. 사 51 : 3 ; 겔 28 :13 ; 31 : 8)와 같은 단어이다. 아담과 하와가 하나님의 말씀을 어기고 선악을 알게 하는 나무의 열매를 먹으므로 생명나무로 가는 길이 차단되고 아담과 하와는 낙원에서 추방되었다(창 3 : 23 -24). 그러나 하나님께서 하나님의 나라를 완성하실 때 낙원 중앙에 있는 생명나무로 가는 길이 다시 열릴 것이다(계 2 : 7 ; 22 : 2, 19). 회개하는 행악자에게 주시는 "오늘 네가 나와 함께 낙원에 있으리라"는 예수님의 말씀에서 누가는 영원한 생명에 대한 이러한 소망이 성취될 것임을 말하고 있는 것이다. 바울은 이 사실에서 "(아담의) 한 범죄로 많은 사람이 정죄에 이른 것같이 (예수님 한 사람의) 의의 한 행동으로 말미암아 많은 사람이 의롭다 하심을 받아 생명에 이르렀느니라"(롬 5 :18)고 한다.[27] 비록 십자가에서 육체적으로는 죽음을 기다리고 있기는 하지만, 지금 죄를 회개하고 믿음을 고백한 이 행악자는 예수님께서 생명나무가 있는 낙원으로 들어가는 문을 열어 주실 것[28]을 기다리고 있다. 회개한 행악자가 낙원으로 들어가는 것은 예수님의 죽음에 기초하여 들어갈 것이기 때문에 기다리고 있는 것이다. 그 문이 열리면 이 행악 자는 예수님과 함께 생명나무가 있는 낙원으로 들어갈 것이다. 바로 그날(오늘), 이제 곧 예수님께서 죽으시면서 그 문을 여

시는 것이다.

27) Garrett, "The Meaning of Jesus' Death in Luke," 15.

28) Neyrey, *The Passion According to Luke*, 182-83. 아담과 하와가 타락하여 추방된 이후로 잃어버렸던 낙원, 문이 닫혔던 낙원의 열쇠를 예수님께서 가지시고 오늘 그 문을 여실 것이다.

실 것이다.[29] 여기 "오늘"은 실제 물리적인 시간으로서 바로 그 날을 말하기도 하지만(cf. 23:44), 예수님의 죽음으로 시작된 종말론적인 구원의 시대가 시작되고 있음을 보여 주는 표현이다.[30] 예수님의 죽음에 근거하는 종말론적인 생명은 즉시로 주어진다는 누가의 전망은 마태복음에서도 확인된다. 마 27:51-53에 의하면 예수님이 죽을 때 무덤 문이 열려 죽었던 사람들에게 생명이 즉시로 주어졌다. 이것은 종말이 시작되었음을 보여주는 사인(sign)이다. 마태복음 27:51-53의 사건과 눅 23:43의 사건은 서로 다른 사건이지만 예수님의 죽음에 근거하여 즉각적으로 종말론적인 생명이 주어졌다는 관점에서는 유사하며 이것들은 모두 이제 종말론적인 생명이 주어지기 시작되었음을 보여 주는 중요한 사건인 것이다.[31]

IV. 적용을 위한 본문의 중심 메시지

(1) 예수님께서 십자가에 못 박히신 다음, 곧 이어서 아버지께 자신을 죽이는 죄인들을 용서하여 달라는 기도를 하셨다. 십자가에 못 박히심과 동시에 이어서 아버지께 자기 백성의 죄 용서함을 위한 기도를 드리셨다는 것은 대제사장으로서 십자가 위에서 엑소도스(ἔξοδος, 눅 9:31, 예루살렘에서 죽으심)를 성취하시기 위한[32] 마지막 사역으로서 아버지께

29) Cf. Donald Senior, *The Passion of Jesus in the Gospel of Luke* (Collegeville, MN: The Liturgical Press, 1989), 136-37.

30) Cf. Brown, *The Death of the Messiah*, vol. 2, 1009.

31) Neyrey, *The Passion According to Luke*, 138-39.

32) Senior, *The Passion of Jesus in the Gospel of Luke*, 133; Paul Kariamadam, "Transfiguration and Jesus' Ascended Glory: An

드리는 자기 백성의 죄를 대속(代贖)하는 기도로서 자신을 거부하는[33] 죄인들의 죄를 용서하시는 하나님 아버지가 사랑이심을 보여 주는 행위이다. 대제사장으로서 십자가 위에서 자기 피를 흘리면서 드린 대속의 기도를 통해 십자가에 달린 한쪽 행악자가 죄 용서함을 받아 낙원을 약속받는다.

예수님께서 십자가에 달리시는 사건은 예수님 자신이 말씀하신 엑소도스(ἔξοδος, 눅 9 : 31)를 이루시는 것이다. 예수님의 엑소도스는 이집트에서 이스라엘을 구원하여 광야를 거쳐 약속의 땅으로 인도하는 모세의 엑소도스를 성취하시는 것이다. 모세의 엑소도스는 이집트의 속박에서 이스라엘을 창조하는 사건이었지만, 예수님의 엑소도스는 사단의 속박에서 새 이스라엘을 창조하는 사건이다. 예수님의 엑소도스는 모세의 엑소도스 이상이다. 예수님의 엑소도스는 새 생명을 창조하는 사건이다.[34] 예수님께서 십자가에 달려서 그의 옆에 있는 한 행악자에게 바로 그날 낙원을 약속하시는 것은 예수님의 엑소도스는 모세의 엑소도스를 성취하실 뿐만 아니라 그 이상으로서 새 생명을 주어 새 이스라엘을 창조하시는 사건임을

---

explanation of Lk 9 : 28-36," *Bible Bhashyam* 23/1(March 1997), 6-7. Kariamadam은 눅 23 : 43을 예로 들면서 예수님께서 죽으심으로 구세주(redeemer)로서 그의 기능을 수행하신다고 하면서 엑소도스를 구속 사건의 모든 것(죽음과 부활과 승천)을 암시하는 하는 것으로서 구속(redemption)의 상징(symbol)으로 보인다고 말한다.

33) 아들을 거부하는 것은 곧 그 아들을 보내신 아버지를 거부하는 것이다(눅 10:16). 아담 이후의 모든 사람들은 하나님을 거부하였던 사람들이다. 그들은 지금 하나님의 아들을 거부하고 십자가에 못을 박고 있는 것이다.

34) Moessner, "Luke's Theology of the Cross," 강의안 14쪽.

보여 준다(cf. 행 20 : 28). 십자가에 달리신 그리스도는 자신이 피 흘려 죽음으로 죽음의 권세를 정복하시고(히 2:14) 마귀에 의해 죽음의 속박에 있는 자들에게 새 생명을 주시는 분이시다.

예수님께서 십자가 위에서 피 흘려 죽으심으로 우리가 죽음의 권세에서 벗어나 새 생명을 얻었다면, 우리의 생명은 지금 그리스도와 함께 한 생명이요, 그리스도와 함께 하나님 안에 감추어져(골 3 : 3), 그리스도와 함께 하늘에 앉혀져 그리스도와 함께 왕 노릇하는 존재들이다(엡 2 : 6). 그리스도께서 영광 가운데 다시 나타나실 때 그와 함께 하나님 안에 감추어진 우리의 생명도 영광 가운데 나타날 것이다(골 3 : 4). 따라서 그리스도의 십자가의 은혜로 새 생명을 받은 자는 언제나 영광 가운데 나타날 그 날을 고대하며 땅에 것을 죽이고 위에 것을 추구하는 삶을 살아야 할 것이다(골 3:1-2, 5). 고난주간에 주님의 십자가를 묵상하면서 하나님의 은혜로 새 생명을 얻게 된 것을 감사하며 그리스도와 함께 영광 가운데 나타날 것을 기대하며 땅의 것을 죽이고 위의 것을 추구하기 위한 삶을 살기로 다짐하여야 할 것이다.

(2) 예수님께서 십자가에 달리시는 사건은 두 행악자들로 둘러 싸여 있다. 두 행악자들 사이에서 십자가에 달리신 그리스도는 두 행악자들의 운명을 갈라놓는다. 그들은 똑같이 예수님 좌우편에서 십자가형을 받는 행악자이지만, 한 사람은 예수님 때문에 흥하는 자가 되고 다른 한 사람은 예수님 때문에 패하는 자가 된다(눅 2 : 34). 예수님의 양쪽에서 예수님

께서 사랑과 긍휼을 베푸시는 용서의 기도를 들었던 두 행악자들은 예수님께 서로 상반된 반응을 나타냄으로 한 사람은 영원한 형벌을, 다른 한 사람은 영생을 얻는다. 십자가 위에서 자신의 피를 흘리며 죄인들 가운데서 죄인들의 죄가 용서되도록 대제사장으로서 아버지께 드리는 예수님의 대속(代贖)의 기도는 죄인들에게 복음이다. 예수님은 모든 죄인들이 들을 수 있도록 그들 가운데서 대제사장으로서 대속의 기도를 드리셨다. 그러나 이 복음을 들었던 죄인들 가운데 그 복음을 받아들이는 자만이 낙원의 약속을 받았다.

백성은 예수님께 처음에는 호의적인 태도를 취하였지만(눅 19:47-22:2), 나중에는 예수님을 죽이는 일에 대제사장들과 관원들에게 적극적으로 합세하였다(23:13-25). 그러나 예수님이 십자가에 달리셨을 때 백성은 방관자의 자세를 취한다(23:35a; cf. 시[LXX 21:7] 22:6에서는 백성이 예수님을 조롱할 것이라고 말한다). 그러나 십자가 사건을 다 지켜본 뒤에 백성의 무리들은 가슴을 두드리며 집으로 돌아간다(눅 23:48).[35] 관원들과 군인들 그리고 회개하지 아니한 행악자가 십자가에 달리신 예수님을 조롱하는 광경을 바라본 백성은 회개한 행악자와 같이 예수님의 이름으로 회개를 하지 아니하고 다만 대제

35) Neyrey, *The Passion According to Luke*, 130. Neyrey는 누가가 35절의 백성을 48절에서 언급하는 예수님을 거부함에서부터 회개까지 변화하는 무리들을 연결시키고 있다고 말한다. Just, Jr.(*Luke 9:51-24:53*, 935)는 "백성"(23:35)은 48절의 무리들 가운데 있는 사람들일 것으로 추측을 한다. 또한 그는 무리들(48절)은 모든 광경을 다 보고 마음이 감동되어 회개할 마음이 있어났지만 여전히 흔들리고 있음을 말하면서 그럼에도 불구하고 누가는 그들을 관원들과는 구별하고 있다고 말한다.

사장들과 관원들에게 합세하여 예수님을 죽이는 일에 적극 가담하였다는 마음의 부담만을 안고 집으로 돌아간다. 백부장이 십자가 옆에서 하나님을 찬양하며 말하기를 예수님은 정녕 의인이었다고 고백하는 말을 듣고도 백성의 무리들은 하나님을 찬양하지도 않고 예수님에 대한 어떠한 고백도 없이 다만 가슴만 두드리며 집으로 돌아간다(눅 23 : 47-48). 이렇게 십자가에 달리신 예수님 앞에서 예수님을 거부하고 조롱하는 사람들이 있는가 하면, 자신의 죄에 대하여 마음의 부담을 안고 자신의 가슴을 두드리기만 하다가 집으로 돌아가는 사람들이 많음을 보여 준다.[36] 한편, 자신의 죄를 예수님의 이름으로 회개하고 예수님께 자신을 맡기는 죄인도 있다.

예수님은 어떤 사람들에게는 죄인이요 사기꾼처럼 보여 하나님의 그리스도가 될 수 없지만, 다른 사람들에게는 무죄요 의인이며 거룩한 하나님의 택함 받은 그리스도이다. 어떤 사람은 십자가 위에서 자신을 구원하지 못한다고 예수님을 조롱하지만, 다른 사람은 십자가에 달린 예수님께 은혜를 요청한다. 대부분의 군인들은 십자가에 달린 예수님을 욕하지만, 다른 한 군인은 예수님이 의인이었다고 소리친다(눅 23 : 47).[37] 여러분은 어느 쪽인가?

누가는 여기서 자기 자신의 죄로 말미암아 가슴을 두드리

---

36) David P. Moessner, *Lord of the Banquet: The Litherary and Theological Significance of the Lukan Travel Narrative* (Harrisburg, PA : Trinity Press International, 1989), 183. Moessner는 십자가에 달린 예수님은 구경하던 백성에 의해서도 거부되었다고 말한다.

37) Neyrey, *The Passion According to Luke*, 132.

며 마음의 부담만 안고 살아가는 사람이 아니라 예수님의 이름으로 회개하고 예수님께 적극적인 믿음의 반응으로 자신을 예수님께 맡기는 자만이 생명나무가 있는 낙원을 약속받는다는 것을 보여 준다.

(3) 예수님의 십자가는 그것을 받아들이는 사람에게 주시는 하나님의 은혜로운 용서를 나타내는 핵심적 위치에 있다. 십자가를 받아들인다는 것은 자신의 구원을 위한 기초로서 자신의 노력을 포기하는 것이다. 하나님과의 관계는 예수님과 그가 이루신 사역을 신뢰함으로 받아들일 때 회복된다. 우리의 모든 죄는 예수님이 십자가 위에서 자신의 피를 쏟으며 용서를 구하는 대제사장으로서의 대속의 기도에 근거하여 하나님에 의해서 완전히 제거된다. 십자가는 우리에게 새로운 삶의 기회를 제공하며 하나님 앞에서 깨끗한 기록으로 살게 한다. 바로 그러한 제공은 우리의 노력이 아니라 전적으로 하나님의 은혜[38]로 온다. 우리가 하나님의 은혜를 받아들인다면, 하나님은 우리와 함께 새로운 삶을 시작하실 것이다. 우리의 영적인 건강은 하나님 아버지의 보호의 손 안으로 들어올 때 비로소 견고하고 안전하다.[39]

십자가에 달린 그리스도는 모든 사람들이 지나가는 길목에서

38) 예수님께서 십자가에 달리시고 조롱받으시고 굴욕을 당하시는 모든 것은 하나님께서 계획하신 것(눅 9:22; 17:25; 18:31-32; 24:26; 행 2:23; 4:28; 17:3 등)이며 예수님은 그 계획에 적극적으로 순종하셨던 것이다. 따라서 우리의 죄를 용서하시기 위하여 예수님께서 십자가에 달리신 것은 우리를 향하신 하나님의 은혜이다.

39) Darrell L. Bock, *Luke*, The NIV Application Commentary (Grand Rapids, MI: Zondervan Publishing House, 1996), 600-601.

갈림길 - 한쪽은 흥하는 길이고 다른 쪽은 패하는 길(눅 2 : 34) - 을 만들면서 그들의 흥하고 패함을 결정짓는 분이시다. 여러분은 이 갈림길에서 어느 길을 선택하고 있는가?

특 집

Dr. Peter J. Leithart
신학 강좌와 설교

(Prof. of New Saint Andrews College, Idaho, USA)

[신학 강좌]

1. **엑서쥐시스와 아이서쥐서스 그리고 본문의 총화**
   한국동남성경연구원 정기 발표회(2008년 10월 20일)
   번역 : 정연해 (Th. D.)

2. **하나님의 전기(傳記)**
   고신대학교 대학교회 신학 포럼(2008년 10월 18일)
   번역 : 송영목 (Ph. D.)

[신약의 구약 사용 및 계시사적인 그리스도 중심의 설교 실제]

고신대학교 대학교회에서 행한 두 편의 설교
(2008년 10월 19일) 번역 : 송영목 (Ph. D.)

1. **마태복음 서론과 결론에 나타난 이스라엘의 역사를 재현하신 예수님과 그분의 복음**
2. **하나님과 씨름하기**

〔신학 강좌〕

엑서쥐시스와 아이서쥐서스 그리고 본문의 총화

한국동남성경연구원 10월 정기 발표회

Peter J. Leihart (Ph. D.)

엑서쥐시스와 아이서쥐서스

신학생들은 자주 그들이 아이서쥐서스(오석, 誤釋)[1]를 하지 말고 엑서쥐시스(석의, 釋義)[2]를 하도록 가르침을 받는다. 석의를 하는 사람은 본문으로부터 귀중한 것들을 발굴하지만, 오석을 하는 사람은 본문에 없는 것들을 본문에 집어넣는다. 우리가 하나님의 입에 말씀을 넣어서는 안 되며 또한 성경이 말하지 않는 것을 말하도록 해서도 안 된다는 것은 사실이다.

그러나 석의와 오석 사이에 날카로운 구별을 함에는 문제들이 있다. 첫째로, 사도들은 구약에 있지 않는 것처럼 보이는 것들을 발견한다. 바울은 "그들을 따르는 반석은 그리스도

1) Eisegesis : 본문을 해석할 때 본문에 무엇을 집어넣는 행위, 이것을 "자기 해석"이라고도 함.

2) Exegesis : 본문을 해석할 때 본문으로부터 무엇을 끄집어내는 행위

였다"(고전 10 : 4)고 말한다. 구약은 이것을 전혀 말하지 않는다. 둘째로, 우리는 본문 밖에서 얻는 정보가 없으면 본문을 해석할 수 없다. 적어도 우리는 본문에 사용된 언어를 알아야 하며 또한 본문에 나타난 세계의 지리와 역사에 대하여 알아야 한다.

나는 해석의 목표는 "진술되지 않은 것을 펼치는 것"이라고 말하는 대일 알리슨(미국의 평론가 - 역자주)의 말에 동의한다. 본문들은 마치 농담과 같다: 만일 우리가 농담 밖으로부터 얻는 것들을 알지 못한다면 우리는 그 농담을 "이해할" 수 없다.

요한복음 9장

요한복음 9장에 소개된 이야기를 예로 들어보자. 이 이야기는 다른 본문들을 살펴야만 이해할 수 있는 생경(生硬)한 내용들을 많이 포함하고 있다.

첫째로, 요한의 단어 선택들 가운데 일부는 생소하다. 그는 예수님께서 그 사람의 눈에 진흙을 "바르신다(anoint)"고 말한다(6, 11절). 그것은 우리들로 하여금 예수님은 "그리스도," 즉, 기름부음을 받은 자(anointed one)라는 사실을 상기시키며 또한 그 맹인이 그리스도와 같이 되고 있음을 암시한다. 요한은 또한 "보다(see)"라는 동사와 관련된 "알다(know)"라는 동사의 형태를 사용한다.

둘째로, 요한은 연못의 이름인 "실로암"은 "보냄 받았다"(7절)는 의미를 가지고 있다는 것을 분명히 지적한다. 요한은 예수님 자신은 "보냄 받으셨다"(4절)는 것을 우리에게 반복하여 말하며, 우리는 다시 맹인이 예수님과 같지 않은가라고 생각한다. 이사야 8:6은 실로암을 언급한다. 거기서, 선지자는 백성이 실로암 물을 거부하였고, 그 결과로 유프라테스의 대범람을 입게 될 것이라고 말한다. 요한이 실로암 연못을 언급할 때, 그는 우리에게 또 하나의 홍수가 유대인에게도 오고 있음을 말하고 있는 것이다. 실로(SHILOH)는 메시아적 칭호인데, 물의 근원이 되는 실로암은 수많은 유대적 암시들을 간직하고 있다. 그것은 원수들에 대하여는 마르지만, 유대인들을 위하여는 솟아나는 것이다.

셋째로, 예수님께서 "나는 세상의 빛이다"(5절)고 말씀하신다. 요한은 예수님을 창조를 언급하는 전체 문맥인 1장 4-5절에서 언급한 빛과 동일시한다. 예수님께서 날 때부터 맹인인 사람에게 시력을 주실 때, 그는 그를 새로운 피조물로 만드시는 것이다.

넷째로, 이러한 새로운 피조물 모티브는 예수님께서 그 사람을 고치시는 방법에 의해서 강조된다. 그것은 여호와께서 아담을 창조하시는 것을 상기시킨다(창 2:7). 해석이란 "진술되지 않은 것을 펼치는 것"이다. 우리는 요한복음 9장에 있지 않은 것들에 주목할 때만이 요한복음 9장을 온전히 해석할 수 있다. 시편 40편 또한 진흙을 언급한다. 그래서 70인역(LXX)은 흙과 동일한 단어를 사용한다: 이것은 맹인의 노래이다. 그리고 이사야 29장 9-21절에는, 맹인의 이야기와 현저하게 유사한 점이 있다.

> 9 너희는 놀라고 놀라라 너희는 소경이 되고 소경이 되라 그들의 취함이 포도주로 인함이 아니며 그들의 비틀거림이 독주로 인함이 아니라
>
> 10 대저 여호와께서 깊이 잠들게 하는 신을 너희에게 부어 주사 너

희의 눈을 감기셨음이니 눈은 선지자요 너희를 덮으셨음이니 머리
는 선견자라
11 그러므로 모든 묵시가 너희에게는 마치 봉한 책의 말이라 그것
을 유식한 자에게 주며 이르기를 그대에게 청하노니 이를 읽으라
하면 대답하기를 봉하였으니 못하겠노라 할 것이요
12 또 무식한 자에게 주며 이르기를 그대에게 청하노니 이를 읽으
라 하면 대답하기를 나는 무식하다 할 것이니라
13 주께서 가라사대 이 백성이 입으로는 나를 가까이하며 입술로는
나를 존경하나 그 마음은 내게서 멀리 떠났나니 그들이 나를 경외
함은 사람의 계명으로 가르침을 받았을 뿐이라
14 그러므로 내가 이 백성 중에 기이한 일 곧 기이하고 가장 기이
한 일을 다시 행하리니 그들 중의 지혜자의 지혜가 없어지고 명철
자의 총명이 가리워지리라.
15 화 있을진저 자기의 도모를 여호와께 깊이 숨기려 하는 자여 그
일을 어두운 데서 행하며 이르기를 누가 우리를 보랴 누가 우리를
알랴 하니
16 너희의 패리함이 심하도다 토기장이를 어찌 진흙같이 여기겠느
냐 지음을 받은 물건이 어찌 자기를 지은 자에 대하여 이르기를 그
가 나를 짓지 아니하였다 하겠으며 빚음을 받은 물건이 자기를 빚
은 자에 대하여 이르기를 그가 총명이 없다 하겠느냐
17 미구에 레바논이 기름진 밭으로 변하지 않겠으며 기름진 밭이
삼림으로 여김이 되지 않겠느냐
18 그 날에 귀머거리가 책의 말을 들을 것이며 어둡고 캄캄한 데서
소경의 눈이 볼 것이며
19 겸손한 자가 여호와를 인하여 기쁨이 더하겠고 사람 중 빈핍한
자가 이스라엘의 거룩하신 자를 인하여 즐거워하리니
20 이는 강포한 자가 소멸되었으며 경만한 자가 그쳤으며 죄악의
기회를 엿보던 자가 다 끊어졌음이라
21 그들은 송사에 사람에게 죄를 입히며 성문에서 판단하는 자를
올무로 잡듯 하며 헛된 일로 의인을 억울케 하느니라

백성은 스스로 맹인이 되었고 술이 취했다. 그래서 여호와께서 그들에게 무감각함을 주시고, 그들이 이제는 더 이상 읽을 수조차 없도록 하시기 위하여 그들의 선지자들의 눈을 감기신다(15-16절). 선지자는 자신의 행위들을 어둠에 숨기려 하고 빛을 피하며 그들의 조물주로부터 자유를 선언하고 싶어 하는 자들에게 화를 선언한다. 그러나 여호와께서 이것을 바꾸어 청력과 시력을 주실 것이지만 무자비함을 내려놓으실 한 날이 올 것이다(17-21절). 이 구절은 날 때부터 맹인이었던 사람의 이야기에 관한 예언인 것처럼 보인다.

다양한 음성

일반적으로 본문들은 다른 본문들로 둘러 쌓여있기에, 어떠한 본문도 여러 가지 이야기들을 동시에 말할 수 있다. 요한복음 9장은 어떤가? 우리는 많은 다른 방법으로 맹인의 이야기를 말 할 수 있다. 우리는 많은 다른 "키들(keys, 건반 악기에서 음률의 높이를 나타내는 키)"로 맹인의 이야기를 말할 수 있다.

첫째로, 요한복음 9장은 맹인의 이야기이다. 그는 날 때부터 맹인이었고 그래서 한 번도 빛을 보지 못했다. 어느 날, 그가 성전 바깥쪽에서 구걸하며 앉아있을 때, 예수라고 불리는 한 남자가 그에게 와서 그의 눈에 약간의 진흙을 바르고 그에게 실로암 연못에서 씻으라고 말한다. 그는 씻고 눈을 떠서 돌아왔으나, 예수님은 이미 그 자리에 계시지 않으셨다. 그의 이웃들은 "네가 그 사람이냐? 이것이 어떻게 일어났느냐?" 고 물으면서 소동을 벌인다. 내가 바로 그 사람이다. 나에게 이 일을 행하신 분은 예수님이다. 그러나 나는 그가 어디에 계시는지 알지 못한다. 나는 단지 예수라는 이 사람이 나에게 씻으라고 말했고 그래서 나는 보게 되었다.

그날이 안식일이었으므로, 사람들은 격분하게 된다. 이 사건은 단순히 한 남자가 보게 된 것에 관한 이야기가 아니라 예수님이 안식일을 어긴 것에 관한 이야기이다. 그래서 바리새인들은 그 사람에게 그가 어떻게 하였느냐고 따져 물으면서 맹렬히 비난한다. 어떤 바리새인들은 이 사람이 하나님께로부터 오지 않았다고 주장한다. 그렇지만 맹인이었던 그 사람은 바리새인과 같이 생각할 수가 없었다. 만일 하나님께서 그분과 함께 하시지 아니하셨다면 그분이 어떻게 그러한 표적을 행할 수 있었겠는가? 그는 전에 니고데모가 했던 것과 같은 질문을 한다.

바리새인들은 그 남자에게 대답하라고 강요한다. 그가 그들과 동의할 것인가? 여러분은 그에 대하여 어떻게 생각하는가? 맹인이었던 그 사람은 실제로 아직 예수에 관한 명백한 자기 견해는 가지고 있지 않았다. 그러나 바리새인들에게 압박을 받자 그는 자신의 견해, 즉 그분이 선지자라는 견해를 가지게 된다. 바리새인들은 아이러니하게도 그로 하여금 예수님이 선지자라는 고백을 하도록 강요한 꼴이 된다. 그 다음 바리새인들은 그의 부모에게 가서 묻는다. “이 자가 당신의 아들이냐?” 그런 다음 그들은 맹인이었던 사람에게 돌아와 예수가 죄인이라고 주장한다. 그들은 맹인이었던 사람에게 말한다. “우리에게 동의해라, 그렇지 않으면 어려움을 당할 것이다.” 맹인이었던 사람은 완강하다. 그는 예수님을 선지자라고 생각하는데, 그의 신념은 갈수록 더욱 강해진다. 그는 그분이 죄인인지 아닌지는 모르겠지만 자신이 지금 볼 수 있는 것은 사실이라고 말한다. 그는 당신들이 이것을 어떻게 설명할 수 있겠느냐고 묻는다. 그는 바리새인들의 협박에 보다 더 담대해지고 보다 더 풍자적이 된다. 그는 빈정댄다. "당신들은 정말로 예수님에 대한 이야기들을 듣고 싶어 하는 것처럼 보이는데, 그렇지 않소? 아마도 당신들도 또한 그의 제자들이 되고 싶어 하는군요?" 바리새인들은 자신들을 모세의 제자라고 하면서 맹인이었던 사람에게는(좋지 않은 의미에서) "예수의 제자"라는 딱지를 붙인다. 바리새인들은 그를 예수님 쪽으로 가도록 다시 한 번 밀어붙인다. 마침내, 그들은 그를 추방하였고, 그래서 그는 회당을 나가자마자, 예수님께서 서 계신 것을 발견한다.

그래서 이것은 시력을 회복할 뿐만 아니라 박해와 반대를 통해서 예수님에 대해 보다 더 견고하고 담대한 증인으로 자라가는 맹인에 관한 이야기이다. 결국 그는 예수님께 경배한다. 그리고 바리새인들이 그가 이런 사람이라고 비난했던 것처럼 예수님의 제자가 된다.

바리새인의 이야기

이제 키를 바꿔보자. 그것을 바리새인들에 대한 이야기로 만들어보자. 바리새인들은 이 예수가 안식일을 위반하였기 때문에 이 사건에 개입한다. 그는 안식일의 규정을 위반하였기에 분명하게 죄인이다. 그러나 맹인이었다가 볼 수 있게 된 사람이 있다. 이에 대하여 어떻게 해야 하는가? 처음에는, 바리새인들 안에 내분이 일어난다. 어떤 바리새인들은 그가 하나님께로부터 오지 않았다고 주장한다. 다른 바리새인들은 맹인이었던 사람이 말하는 것처럼, 죄인이 그러한 표적을 행할 수 없다고 말한다(16절). 그들이 그 사람으로 하여금 강제로 예수님을 선지자로 고백하게 할 때, 그들은 질문을 중단하고 다른 방법을 찾는다. 이 때 그들은 완전히 연합하고 분열은 사라진다. 예수님이 하나님께로부터 왔을 수도 있다는 가능성을 열어 놓았던 목소리는 완전히 없어진다. 이제 바리새인들은 한 목소리로 말한다.

그들의 새로운 계획은 그 부모와 대화하는 것이다. 이 사람은 어쩌면 협잡꾼일수도 있다 어쩌면 거대한 예수 음모단(陰謀團)에 속한 자 일수도 있다. 어쩌면 그가 처음부터 맹인이 아니었으며, 이 모든 것이 속임수일수도 있다. 만일 그들은 그가 맹인으로 태어나지 않았다는 것을 입증할 수 있다면, 그들은 그들의 딜레마를 해결할 수 있고 예수에 대한 그들의 논쟁을 계속할 수 있을 것이다. 그래서 그들은 그의 부모에게로 가서 누구든지 예수를 고백하는 자를 회당으로부터 추방할 것이라고 협박하면서 질문을 한다. 부모는 두려워하지만, 사실은 그들은 바리새인들을 꼼짝 못하게 한다. 그들은 그 사람이 진실로 맹인으로 태어났음을 분명히 한다. 만일 그 사람이 음모단(陰謀團)에 속한 사람이 아니라면, 그가 진실로 맹인으로 태어났다면, 그들은 실로 불가사의한 것을 보고 있는 것이다. 그 부모는 바리새인들을 그들의 아들에게로 돌려보내지만, 그들(바리새인들)은 그에게 이미 질문을 했었다.

그들이 맹인이었던 사람에게로 돌아왔을 때, 그들의 책략은

보다 더 오만하고 거만하며 협박적이 된다. 그들은 그 기적이 일어났음을 부인할 수 없지만, 더욱 중요하게 예수님이 하나님께로부터 왔음을 인정할 수 없다. 그래서 그들은 그를 쫓아내버려야 했다. 그들은 자신들이 안다고 주장하는 것들을 맹인이었던 사람에게 강제로 주입시키기를 원하지만, 그는 점점 더 대담해지고 점점 더 확신에 차 도전적이 된다. 그가 그들이 제자들이 되고 싶은지를 물었을 때, 그들은 그에게 욕설을 퍼붓는 것 이외는 아무 것도 할 수 없었다. 결국 바리새인들은 그가 죄 가운데 태어나서 그들을 가르치려고 한다고 비난하는 것 정도 밖에 할 수 없었으며, 결국 그를 추방해 버린다.

맹인에 대한 첫 번째 이야기는 여러 단계의 깨달음의 과정을 거쳐, 어둠에서 빛으로 나아간 한 사람에 관한 이야기이다. 그러나 바리새인들의 이야기는 그 반대이다. 그들은 보다 더 공정하게 그 증거를 평가하고 싶어 하는 자신들의 그룹의 사람들을 억제한다. 또한 그들은 그 부모를 위협한다. 마침내 그들은 예수님의 능력에 대한 목격자인 그 사람을 추방한다. 그들은 찬란하고 분명한 빛 앞에도 아랑곳 하지 않고 자신들의 눈을 스스로 멀게 한다. 맹인이었던 사람은 그들을 가르쳐 왔지만 그들은 듣고 보기를 거부한다.

재판 장면

이야기를 다른 키로 말해보자. 이번에는 재판 장면이다. 요한복음에서 예수님은 처음부터 끝까지 재판을 받고 있다. 그는 재판관이시며 생명을 주시는 분이지만(5장), 그가 자신을 재판관이라고 선언하자마자, 유대인들은 즉시 그를 재판하려고 한다. 예수님은 8장에서 그리고 다시 9장에서 재판을 받으신다.

그러나 예수님은 계시지 아니하신다. 그래서 바리새인들은 대리자를 통해서 예수님을 재판하고 있으며, 또한 그 대리자를 재판한다. 그들은 질문을 하고 증거를 요구한다. 분명히, 이것은 이미 평결이 결정 난 법정이다. 그들은 재판을 시작하기도 전에 예수님이 하나님께로부터 오지 않았다고 생각한다. 그들은 이리저리 사실을 피하다가 결국 어쩔 수 없이 힘으로 일격을 가한다. 그들에게 남은 것은 그것뿐이었기 때문이다.

이러한 방식으로, 맹인이었던 사람의 이야기는 요한복음 끝에 오는 궁극적인 재판 장면을 예시한다. 요한복음 전체는 일련의 재판 장면이다. 유대인들은 예수님을 감옥에 집어넣으려고 법정에 세워 유죄를 선고하려 한다. 그리고 마침내 그는 실제적으로 재판을 받아 사형이 선고되어 추방된다. 맹인이었던 사람이 분명한 증거 없이 추방되었던 것처럼, 예수님도 그렇게 추방된다. 그러나 그분은 거짓 증인들의 증언에도 불구하고 계속하여 무죄로 선언된다. 유대인들은 재판을 시작하기 전에 이미 어떻게 판결이 날지를 알고 있다. 그럼에도 불구하고 그들은 그분에게 유죄 판결을 내린다.

요한복음 9장과 이후의 재판에서, 국면은 예수님의 반대자들에게로 전환된다. 예수님께서는 자신의 죽음에 대해 말씀하시면서, "이제 이 세상에 대한 심판이 있다"고 선언하셨다. 마치 예수님이 심판을 받고 있는 것처럼 보이지만, 사실은 그가 심판관의 위치에 있다. 이것은 요한이 재판 장면에서 미묘한 이중적인 측면을 암시해주는 것이다. 요한복음 9장에서도,

맹인이었던 사람이 재판을 받고, 심문을 받지만, 27절과 30절에서 그는 그들을 가르치기 시작하고, 유죄를 선고하기 시작하며, 그들을 심문하기 시작하고 있음에 우리는 주목하여야 한다. 맹인이었던 사람이 상황을 뒤집고 재판관들을 재판하는 재판관이 된다. 이것은 맹인이었던 사람이 예수님과 같이 되는 또 하나의 방법이다.

제자 도 이야기

키를 바꿔보자. 이 이야기를 제자 도에 관한 이야기로 말해보자. 요한의 본문에는 연결 고리가 있다. 맹인이었던 사람이 회당에서 추방된다. 그리고 예수님께서 나중에 12제자들에게 그들이 또한 회당으로부터 추방될 것을 말씀하신다(15-16장). 맹인이었던 사람은 회당으로부터 추방되는 예수님의 첫 번째 제자이지 마지막 제자가 아니다.

이것이 얼마나 잘 들어맞는지 주목하라. 그 사람이 치료되고 시력이 주어진 다음 예수님은 떠나신다. 요한복음 13-17장에서, 예수님은 그의 제자들을 멀리 떠나시지만, 그들을 고아와 같이 버려두시지 않으시겠다고 말씀하신다. 그분의 부재(不在) 동안에, 그들은 회당으로부터 추방되어 핍박과 미움과 모욕과 욕설을 받을 것이다. 맹인이었던 그 사람은 추방되자마자 예수님이 그를 맞아 주신다. 예수님께서는 회당 입구 바로 밖에서 추방된 자들을 기다리고 계신다. 그분은 그들을 영원한 처소에 맞아주시려고 준비하고 계신다.

예수님이 부재(不在)하신 동안에, 맹인이었던 그 사람은 성장하고 성숙한다. 그의 고백은 보다 더 충만하고 보다 더 명확하게 된다. 그는 "예수라고 불리는 사람"에서 "선지자"로, 그리고 "주님"으로 고백하며 종국에는 그분께 경배한다. 제자들은 또한 예수님께서 계시지 않는 동안, 핍박 가운데서 성숙하게 될 것이며 담대하게 될 것이다. 우리는 이 이야기를 우리 시대의 제자도에 관한 이야기로 만들 수 있다. 예수님께서는 지금 계시지 않으신다. 그래서 종종 우리가 예수를 세일 필요로 할 때에 그분이 계시지 않는 것처럼 느낀다. 우리가 위협을 당하고 괴롭힘을 당할 때에, 그분은 계시지 않는 것처럼 보인다. 사람들은 우리를 쫓아내 버리고 싶어 하지만, 예수님께서는 우리의 정당함을 입증하려고 영광의 구름으로 개입하지는 않으신다. 그러나 우리가 추방되자마자, 우리는 우리를 기다리고 계시는 예수님을 만날 것이다.

출애굽과 창조 이야기

키를 약간 더 과감하게 바꿔보자. 그러나 간결하게 언급하겠다. 출애굽이라는 키로 이야기를 풀어보자. 맹인은 어둠과 가난과 압박 속에 있다. 기적 행위자, 즉 "표적" 행위자인 새로운 모세가 온다. 새로운 모세는 그를 그의 이집트의 어둠에서 구원하시며 그를 보내어 물을 통과하게 하신다. 그런 다음 그는 반란과 어둠이라는 광야로 들어가 시험들과 시련들을 견디어 내야만 한다. 그는 위협을 받으며 백성의 지도자들은 이 모세를 좋아하지 아니한다. 그들은 그(새로운 모세)가 하나님께로부터 올 수 없다고 말하지만, 그 사람은 반대에도 불구하고 새로운 모세를 고백하는 신실한 여호수아나 갈렙과 같다.

창세기의 키로 이야기를 풀어보자. 우리는 이미 맹인이 진흙으로 새롭게 되었다는 것에 주목하였다. 예수님은 진흙으로 새로운 사람을 만드시며 세상의 빛으로 그를 밝게 하시는 창조자이시다. 물론 예수님은 또한 그의 눈을 뜨게 하신다. 이것 또한 창세기의 주제이다. 아담과 하와는 지식의 나무를 너무 서둘러 먹음으로 그들의 눈이 잘못된 방향으로 뜨여졌다. 이 맹인은 바르게 판단할 수 있도록 눈이 뜨여졌다. 창세기의 순서와 다르지만 그 사람은 눈을 떴고, 사단의 위협에 직면하였다. 예수님께서는 요한복음 8장에서 바리새인들은 그들의 조상 마귀에게 속해 있다고 말씀하셨다. 그들은 거짓말쟁이들이며 살인자들이다. 그리고 지금 그들은 눈을 뜬 새 아담(맹인이었던 사람 - 역자주)을 위협하고 괴롭히며 유혹을 한다. 이 사람은 하나님께로부터 보내심을 받은 자, 곧 인자에게 빠져 있기 때문에, 그는 더 나은 아담이다. 그는 위협에 굴복하지 않으며 유혹에 넘어가지 않는다. 그는 견고하게 서 있다.

요한복음에서 9장의 위치

키를 다시 바꿔보자. 이 이야기가 어떻게 다른 부분과 결합되어 있는지에 대하여 생각해보자. 요한복음 9장에는 7개의 장면이 있다. 말하는 사람이 바뀜에 따라 장면이 바뀐다. 이 장은 교차대칭 구조를 가지고 있다. 말하는 사람이 바뀜에 따라 장면이 바뀐다. 이 장은 교차대칭구조를 가지고 있다. 양 끝에 눈멂, 시력, 죄가 위치해 있다. 그 안쪽에 예수님과 맹인이었던 사람이 있다. 그런 다음 바리새인들과 맹인이었던 사람이 있다. 그리고 가운데에 부모에 대한 심문이 있다. 일곱 장면이 있다는 사실은 이것이 새로운 창조 이야기임을 강하게 암시한다고 볼 수 있다. 이 사람은 여섯 번째 장면에서 예수님께 경배한다. 그리고 예수님은 일곱 번째 장면에서 사탄에게 안식일 심판을 선언하신다.

이것은 또한 구조적으로 볼 때 요한복음 전체에 속한 한 부분이다. 이것은 표적의 책에 속해 있는데, 표적의 책은 갈릴리 가나에서 시작하여 11장 끝까지 계속된다. 이것은 표적의 책에서 여섯 번째에 해당한다. 표적의 책은 창조의 7일을 따르고 있는 것처럼 보이며, 따라서 이 사람은 아담이다.

1. 물이 포도주로 변함(2장)
2. 죽은 아이를 살리심(4장)
3. 예루살렘에서 중풍병자를 고치심
4. 5,000 명을 먹이심
5. 바다를 걸으심
6. 맹인이 시력을 회복하다
7. 죽은 자 가운데서 일어난 나사로

결론

요한복음 9장은 한꺼번에 많은 이야기를 들려준다. 본문의 여러 가지 "멜로디"를 찾고 따르는 것은 해석의 핵심이다. 이것은 "진술되지 않은 것을 펼치는" 또 하나의 측면이다.

[신학 강좌]

하나님의 전기(傳記)

고신대학교 대학교회 신학 포럼

Peter J. Leithart (Ph. D.)

서론

구약은 많은 전기들의 모음이라기보다는 하나의 전기이다. 구약은 하나님의 아들 예수님의 전기이다(눅 24:26-27, 44-49). 엠마오로 가는 길에서 복음 이야기 전체를 가지고 있으면서도 그들이 아는 바를 이해하지 못한 제자들에게 다음과 같이 예수님은 말씀하신다: "오! 어리석은 자들이여, 그리고 선지자들이 말한 모든 것들을 마음에 더디게 믿는 자들이여!(26절). 그리스도가 이런 고난을 당하고서 자신의 영광에 들어가야 하지 않겠느냐?(27절). 모세와 모든 선지자들로부터 시작하여 모든 성경에 있는 자신에 관한 것들을 그들에게 자세히 설명해 주었다"(28절).

그 후 예수님이 11 제자들에게 나타나셨을 때, 주님은 동일한 요점을 설명하신다: "그 때에 예수님께서 그들의 마음을 열어서 성경을 깨닫도록 하시고(45절), 그들에게 말씀하셨다. 이렇게 기록되어 있다. 그리스도가 고난을 당하고 삼 일 만에 죽은 자들로부터 부활할 것과(46절), 또 그분의 이름으로 죄 용서를 위한 회개가 예루살렘으로부터 시작하여 모든 민족에게 전파될 것이다"(47절). 그러한 방식으로, 구약은 '하나님의 전기'이기도 하다. 어떻게 그러한가?

예수님의 스냅 사진들

어떤 위대한 영웅의 조상은 그 영웅의 이야기의 한 부분이다. 신약은 예수님에게서 절정에 도달하는 가족 역사로서의 구약을 요약하는 예수님의 족보로 시작한다. 예수님과 그분이 오셔서 하신 일을 알기 위해서 우리는 배경과 그분의 백성에 관한 것을 알아야 한다.

구약이 예수님의 이야기라는 것을 달리 설명해 보면, 구약이 예수님 이야기의 그림자로 가득 차 있고, 이 그림자들은 예수님 이야기의 한 부분이고 그분의 전기의 한 부분이라는 사실이다. 대부분의 전통적인 모형론적인 해석은 구약의 개별 사건과 인물에 초점을 맞추고, 그것들이 예수님의 유비들임을 보여 주려고 했다. 이 시도는 구약을 읽기 위한 철저히 합당하고 성경적인 방식이다. 결국, 신약은 분명히 구약의 주요 인물들 대부분을 기독론적인 용어로 해석한다.

예수님은 마지막 아담이시고(롬 5:12-31), 더 위대한 아벨이시고(히 12:24), 아브라함의 그 씨이시고(갈 3:28-29), 따라서 형 이스마엘보다 먼저 선택 받은 아들인 참 이삭이시며

(히 11:17-19 ; 갈 4), 모세보다 더 위협적인 말씀을 한 분이시고(히 10 : 26-31), 새로운 사무엘이시고(눅 2 : 40, 52), 다윗의 자손이시고(마 1:1), 솔로몬보다 더 크신 분이시고(마 12 : 42), 예레미야와 같은 선지자이시며(마 16:14), 기타 다르게 표현할 수 있다.

신약 저자들이 구약 인물에 관한 묘사를 인용하여 예수님에게 적용할 때, 이러한 유비들 중에서 몇 가지는 암시적이다(삼상 2 : 21, 26 ; 눅 2 : 40, 52). 그러나 누가가 "예수님은 지혜와 키가 자라나셨다"라고 말할 때 예수님과 사무엘 사이의 유비를 의도했다는 것을 우리가 상상하는 것은 어렵지 않다. 또는 예수님이 그물을 버려두고 자신을 따르도록 제자들을 부르실 때, 그것은 쟁기를 잡고 일하던 엘리사를 불렀던 엘리야의 역할을 예수님이 하시고 계시는 것이다. 혹은 예수님이 사단과 전쟁하실 때, 주님은 가나안 족속을 정복한 사람 ('여호수아')의 이름을 공유하신 거룩한 용사이시다.

인물뿐 아니라, 구약의 직책들과 기관(기구)들도 예수님 안에서 성취된다. 예수님은 아론의 육체적인 반차를 초월하는 멜기세덱의 반차를 따른 제사장이시다(히 7). 예수님은 참 선지자이시고 주님의 이름으로 오시는 분이시며, 솔로몬의 지혜보다 더 큰 지혜를 가지고 계신 다윗의 아들이시다. 예수님은 우리 가운데 장막을 치고 계시고(요 1:14), 살아 계신 참 성전이시다(요 2:18-25). 예수님은 속죄제로 자신을 드리셨고(롬 8:1-4), 구약 율법의 결례처럼 나병 환자와 다른 더러운 것들을 정결하게 하셨다.

예수님의 사역은 종종 원래 사건을 역전시키는 방식도 있지만, 구약 역사의 위대한 사건들을 성취하신다. 그분의 순종은 아담의 불순종의 결과들을 역전시킨다(롬 5:12-21). 그분은 바다를 지나가셨고, 광야에서 시험을 받으셨지만, 사단의 말을 듣는 것을 거절하셨다(마 3-4). 그분은 출애굽을 겪으셨는데, 어리실 때(마 2:15)와 예루살렘에서 공생애 마지막에 그러하다(눅 9:31). 그분은 자신의 성으로부터 축출되듯이 영문 밖에서 고난을 당하셨고, 새로운 고레스 왕처럼 자신의 제자들에게 온 나라를 제자로 삼고 온 땅에 자신의 집을 세우라고 명령하셨다. 이러한 방식으로 그분의 몸인 교회도 세례의 물을 지나고, 광야에서 먹임을 받고, 음성을 들으라는 부름을 받고, 광야에서 죽음으로써 이스라엘의 역사를 재현한다(고전 10:1-12).

신약의 이러한 분명한 진술들을 받아들인다면, 우리는 구약의 다른 구절들도 이와 동일한 방식으로 읽어야 한다고 생각하는 것은 억지가 아니다. 만약 다윗이 그리스도의 그림자라면, 우리는 다윗의 전체 이야기를 그리스도의 이야기를 미리 보여 주며 예수님의 한 부분으로서 모형론적으로 읽을 수 있다. 다윗은 젊었을 때 자신의 무용으로 이스라엘로부터 인정을 받았다. 다윗은 골리앗을 물리치고 사울 왕의 호의를 입었다. 이스라엘 백성들은 다윗의 권세와 힘을 축하했지만, 사울은 다윗을 대적했기에 다윗이 왕위에 오르는 길은 고난과 시험과 반대의 역경이었다. 다윗은 자신의 집 사람들로부터 반대를 받았다. 압살롬이 예루살렘에서 다윗을 쫓아내었고, 그때 다윗은 후에 예수님이 걸으신 동일한 길을 걸었다. 예루살렘에서 기드론 골짜기를 건너 동쪽의 감람산으로 울며 걸어

갔던 것이다. 그러나 주님은 이 포로(추방)를 역전시키시는데, 그 땅으로 돌아오셔서 그의 왕국을 다시 건설하셨다.

그리고 요셉의 전체 이야기도 모형이라고 말하는 것은 어렵지 않다. 신약은 예수님이 더 위대한 요셉이라고 말하지 않지만, 이러한 결론을 피하기는 불가능한데, 요셉이 그의 아버지로부터 사랑을 받지만 그의 형들로부터는 미움을 받고, 구덩이에 던져져 제거되고, 높임을 받았지만, 낮아지고, 마지막으로 세상을 먹여 살리기 위해서 바로 왕의 우편 영광을 입었다.

그리고 비교해 보면 예후도 그리스도의 그림자임을 쉽게 볼 수 있다. 예후는 많은 세부적인 면에서 헤롯 왕가를 닮은 악한 왕가를 대적하도록 높임을 받았다. 그는 은밀하게 기름부음을 받고 그의 추종자들 가운데 왕으로 선포되었을 때, 예후 앞에 그들의 옷을(=자신들) 길에 깔았다(왕하 9). 예후는 자기의 얼굴을 수도로 향하고 예루살렘의 성전을 파괴하고 더럽히는 일에 분주했다. 예후는 우상의 신전을 파괴하고 돌 하나도 돌 위에 남지 않도록 한 메슈가(meshuggah) 즉,(사람이 볼 때는) 미친 사람이다.

종종 모형론은 해석의 이차적인 방식으로 여겨진다. 우리는 문자적인 의미를 가지고 있기에, 모형론은 주요 요점에 대해서 거의 예술적이지 않은 미사여구로 보이기도 한다. 그것은 정확히 잘못된 생각이다. 이러한 유비들은 구약 성경으로부터 유추해 낼 수 있는 신학적 결론을 위해 근본적인 것이며 기독교인이 구약을 읽을 때에도 기초가 된다. 많은 사람들이 모형론은 교리를 형성하는 데 사용되면 안 된다는 월터 카이저의 말에 동의하겠지만, 그의 주장은 틀렸을 뿐 아니라 불합리한 것이다.

전체 신약 기독론은 예수님과 아론, 예수님과 모세, 예수님과 멜기세덱, 예수님과 다윗, 예수님과 예레미야 등의 유비(즉 모형들) 위에 세워져 있다. 심지어 보다 더 '문자적인' 기독론적인 호칭들과 묘사들은 근본적으로 모형론적이다: 예수님을 인자라고 부르는 것은 그분이 마지막 아담이라고 말하는 것이다. 그분이 하나님의 아들이라고 말하는 것은 (무엇보다) 그분이 다윗의 왕위를 상속한 분이라고 말하는 것이다(삼하 7:14). 그분을 평강의 왕이라고 말하는 것은 그분이 새로운 솔로몬이라고 말하는 것이다. 복음서들을 읽을 때 구약 지식을 자진 사람이라면 복음서의 매 구절마다 구약을 배경으로 하고 있음을 인식하지 않고 읽을 수 없다.

더 나아가, 신약 저자들 가운데 가장 조직적인 바울은 이스마엘과 이삭 이야기(갈 4:21-31)를 명백히 풍유적으로 해석하고, 이스라엘의 광야 경험(고전 10:1-10)을 모형론적으로 요약하여 신학적인 결론은 물론 윤리적인 결론을 도출했다. 거의 틀림없이, 아담-그리스도 모형론은 바울 자신의 전체 신학이라 할 수 있는 구원론과 교회론의 전체의 근간이다. 신학을 위한 불합리한 근거가 되기보다는, 모형론은 기독교 신학 안에서 구약의 역할을 이해하는 바로 그 근거이다.

끝나지 않은 이야기

내가 말한 것처럼, 이것은 모든 면에 있어서 유용하다. 위대한 작가처럼 주님은 일찍 일어난 사건 안에 나중에 일어날 일을 미리 보여 주셨다. 많은 위대한 저술가들처럼, 주님은 자신의 우주적인 이야기의 끝에 영광스러운 에덴과 같은 도시-성소로 돌아감으로써 글을 시작했던 부분으로 글을 마치셨다. 주님은 단지 말로써만 아니라 역사, 실제 사람과 사건과 더불어 글을 쓰신다. 그러나 그분의 역사에 관한 글쓰기는 말로써 글을 쓰는 것과 같다. 그러나 만약 우리가 구약을 단지 예수님의 스냅 사진처럼 읽는다면, 구약이 예수님을 계시한 것을 완전히 파악할 수 없게 된다. 종종 모형론은 정적이거나 무시간적으로 나타난다. 그러나 이것이 모형론을 오해하는 것이다. 단지 모형론은 아버지, 아들, 성령이신 하나님의 동일하지 않은 반복을 분명하게 드러내는, 하나님의 역사에 있어서 동일하지 않은 반복에 대한 시간의 신학, 즉 시간에 관한 삼위일체 하나님의 신학이다.

우리가 이 관점에서 구약을 볼 때, 이것은 스냅 사진이 아니라 영화요 이야기이다. 미리 그림자로 보여 줄 뿐 아니라 그 예표 안에, 예표와 더불어, 예표 아래에 역동적으로 영원한 아들의 성육신을 향하여 움직이고 있다. 이것이 예수님의 전기의 일부인 것은 예수님의 전기를 완성하는 예수님의 복음 이야기를 위한 길을 예비하기 때문이다. 구약은 정확하게 예수님의 전기의 한 부분인데, 우리로 하여금 무언가 더 일어날 것을 기다리도록 남겨 두기에 끝나지 않은 이야기이다. 우리가 말라기의 마지막 장에 도달하여, 그 페이지를 넘겨도 마지막을 볼 수 없다.

그것은 부분적으로 이전의 모든 메시야들과 구원자들과 희생 제사들의 실패를 보여 줌으로써 그리스도의 성육신으로 움직인다. 모세는 이스라엘을 애굽에서 인도했고 시내 산에서 받은 율법을 선했고, 이스라엘을 위해 중보 기도를 했으며, 가나안으로 이스라엘을 인도했지만, 모세조차도 이스라엘 백성의 마음 판에 율법을 기록하지 못했다. 모세의 사역에도 불구하고, 이스라엘은 목이 곧은 백성으로 남아 있었다. 이스라엘의 희생 제사 제도는 하나님에게 더 가까이 인도했다. 그들은 육체적인 관점에서 정결하게 되어 여호와의 궁정 가까이 올 수 있었다. 그러나 희생 재사는 계속 진행되어야만 했다. 속죄를 위해 하루만으로는 충분하지 않았다. 다음 해에 다른 속죄 제사를 드려야 했다. 이것은 분명히 불완전한 것이다. 다윗은 위대한 왕이고 믿음의 사람이며 이스라엘의 영웅이다. 그는 이스라엘을 블레셋으로부터 구했고, 근동에서 작은 권력이지만 이스라엘 왕국을 세웠다. 그는 법궤를 예루살렘으로 가져왔고, 성전을 짓기 위해서 전리품을 모아 준비했다. 그는 제사장 직분을 찬양대와 오케스트라로 다시 조직하여 여호와께서 자신의 집 안에서 영광 가운데 경배 받으실 수 있게 되었다. 다윗 자신의 죄 때문에 그리고 백성의 죄 때문에 다윗 왕국은 영원하지 못했다. 솔로몬이 죽자, 나라는 나뉘어졌다. 그리고 다윗 왕국의 위대한 영광은 사라졌다.

왕정 시대가 지속될수록 상황은 더 악화되었다. 여호와 경배를 촉진시키는 대신, 왕들은 공적으로 황금 송아지와 바알을 숭배하도록 했다. 의를 세우는 대신, 그들은 불의를 세웠다. 궁극적으로, 그 왕국은 무너졌고, 이스라엘은 이방 권세의 손에 넘겨졌다. 포로가 끝나서 이스라엘이 가나안에 돌아온 후에도 그들은 다윗과 솔로몬의 왕국의 영광을 회복하지 못했다.

우리는 절망적인 구약의 종말을 본다. 이것이 하나님의 전기요, 이스라엘과 결혼하신 하나님의 전기이다. 그러나 구약의 마지막에, 사건들은 마땅히 되어야 할 방식대로 작동하지 않았다. 하나님은 바벨의 죄악을 역전시키며 궁극적으로 아담이 지은 죄의 결과를 역전시키는 대리인으로 아브라함을 부르셨다. 그러나 아브라함의 자녀는 문제 해결의 한 부분이 아니라 문제의 한 부분이었다. 그러나 구약은 비극적으로 끝나지 않는다. (일반적으로) 비극적인 종말은 극적이며 강력하다. 하지만 구약의 끝은 거대하지 않다. 구약의 끝은 실망스럽다. 구약은 우주적인 충격으로 끝나지도, 비극적인 충격으로도 끝나지도 않는다. 구약은 하나의 흐느낌으로 끝난다.

(다른 강의자들이 보여 줄 것이지만) 이러한 실망은 구약 전체에 스며들어 있다. 구약의 위대한 영웅들 가운데 그 누구도 새 창조를 가지고 오지 못했다. 그러나 이 실망조차 예수님의 전기의 일부이다. 우리가 구약의 끝에 도달하면 그 이야기에 무언가 중요한 것이 더 있을 것이라는 생각을 한다. 우리는 다음에 무언가 중요한 일이 일어날 것이라고 확신하기

에, 무엇이 앞으로 일어날 것을 보기 원한다. 우리는 이스라엘의 하나님 여호와께서 자신의 계획이 패배당한 채 내버려두지 않으실 것을 확신한다. 그리고 우리가 이렇게 생각하는 것은 구약이 하나님에 관해서 말하는 것 때문에 전적으로 정당하다. 무언가 앞으로 일어날 것이라고, 최선의 것이 발생할 것이라고 우리가 생각하는 것은 구약이 여호와라는 전기적인 주제에 관해 계시한 것 때문에 정당하다. 모든 전기들처럼, 구약은 무엇보다도 주인공이신 여호와의 인격과 특성을 계시하도록 구성되어있다. 사실, 그분이 하신 일로부터, 그리고 자신에 대해 계시한 것으로부터 추론함으로써 우리는 여호와께서 장차 무엇을 하실 것인가에 대한 의미를 파악할 수 있다. 우리가 여호와의 특성으로부터 무엇을 배워 왔는가?

이스라엘을 위하시는 하나님

첫째로, 우리는 여호와께서 자신의 이름의 명예를 이스라엘에게 걸으신 것을 배웠다. 그분은 자기 신부에게 명예를 걸었는데, 어떤 의미에서 신부가 신랑의 이름을 취한 것만큼 확실하게 그분은 신부의 이름을 취하셨다. 그분은 자신의 사역으로 자신을 동일시하였는데, 특별히 이스라엘을 위한 사역으로 그렇게 했다. 모세가 여호와의 이름에 관해 물었을 때, 그분은 '존재' 혹은 '이름 없는 분' 혹은 '최고선(最高善)' 혹은 '더 위대한 것을 생각할 수 없는 분'으로 동일시하지 않았다. 그분은 자신에게 철학적인 이름도 주지 않았다. 그분은 족장들에게 자신을 결속시킨 이름을 주셨다. "나는 이다"라는 이름은 종종 철학적 용어로 이해되어 왔지만, 여호와는 즉시 족장

과의 관련성 속에서 그 뜻을 설명하신다. 출애굽기에서, 여호와는 모세에게 다음과 같이 말씀하신다(출 3):

> 하나님께서 모세에게 대답하시기를 나는 스스로 있는 자이다 하시고, 또 너는 이스라엘 자손에게 이같이 말하기를 스스로 있는 자가 나를 너희에게 보내셨다 하라고 하셨다(14절). 또 하나님께서 모세에게 말씀하셨다. 이스라엘 자손에게 여호와 너희 조상들의 하나님, 곧 아브라함의 하나님, 이삭의 하나님, 야곱의 하나님께서 나를 너희에게 보내셨다고 말하여라. 이것이 나의 영원한 이름이요, 대대로 기억할 나의 이름이다(15절).

몇 장 이후에, 여호와는 이 요점을 강화하신다: "나는 여호와이고, 나는 약속을 하고 약속을 지키는 자이다"(출 6):

> 여호와께서 모세에게 말씀하여 이르셨다. 나는 여호와이다(2절). 내가 아브라함과 이삭과 야곱에게 전능의 하나님으로 나타났으나, 나의 이름인 여호와로는 그들에게 알리지 아니하고(3절), 가나안 땅 곧 그들이 나그네로 살던 땅을 그들에게 주기로 그들과 언약하였는데(4절), 이제 내가 이집트 사람이 종으로 삼은 이스라엘 자손의 신음 소리를 듣고 내 언약을 기억한다(5절). 그러므로 이스라엘 자손에게 말하여라. 나는 여호와이다. 내가 너희 들을 이집트 사람의 무거운 짐 밑에서 건져내고, 내가 너희를 그들의 종살이에서 구출하며, 내가 너희들을 편 팔과 큰 심판으로 구속하여(6절), 내가 너희를 내 백성으로 삼고, 내가 너희 하나님이 될 것이니, 내가 이집트의 무거운 짐 밑에서 너희를 건져 낸 너희의 하나님 여호와인 줄 알게 될 것이며(7절).

하나님은 어떤 분인가? 그분은 아브라함과 이삭과 야곱과 모세와 다윗과 엘리야와 느헤미야의 하나님이시다. 그분은 이스라엘의 하나님이시다. 그분은 자신을 자기 백성에게 결속하신 분이시다. 만일 이스라엘이 실패하면 하나님도 실패하게 된다. 만일 족장에게 주신 언약이 성취되지 않으면, 하나님의 명성과 그분의 이름은 참되지도 신실하지도 않게 된다. 그렇게 되면 그분의 의도 의문스럽게 된다. 그분은 언약을 성취하기에 무력하거나 아니면 언약을 취소하는 분이 되고 만다. 어떤 것이 되건, 이스라엘의 실패는 여호와의 이름에 수치를 가져다 준다. 여호와는 이 일이 벌어지도록 버려두실까? 아니다. 하나님은 이스라엘의 하나님이시고, 이스라엘을 위하는 분이며, 이스라엘을 무덤 안에 버려두지 않으신다. 그분은 자신과 무한한 원천을 내어 주셨고, 자신의 이름을 이스라엘과 더불어 행한 것에 거셨다. 따라서 우리는 구약의 마지막에 도달하여 그분이 무언가 중요한 것을 행하실 것임을 알게 된다.

이스라엘과 함께하시는 하나님

여호와는 이스라엘을 위하는 하나님이시지만, 구약은 또한 이스라엘과 함께하시는 하나님으로 계시한다. 그분은 이스라엘을 멀리서 다루지 않으셨다. 그분은 지렛대 몇 개를 당기고 버튼 몇 개를 누르시지 않았다. 그분은 자신의 언약을 이루기 위해서 이스라엘의 삶 속으로 들어가셨다. 그분은 그들과 함께 하시며 그들 가운데 거하시겠다고 언약하셨다. 이것은 종종 임마누엘 언약이라고 불린다. 그리고 구약 전체에서 여호와는 그 언약을 이루시기 시작하신다. 그분은 시내 산에서 그분의 영광이 내려오며 지성소의 그룹 위에 좌정하실 때 이스라엘과 함께, 그들 가운데 계신다. 천사 모양의 용사가 여호수아를 가나안 족속을 물리치도록 인도할 때 그분은 이스라엘과 함께, 그들 가운데 거하신다. 여호와는 휘장 뒤에 숨어 계시지만, 이스라엘과 함께 계시겠다고 약속하셨다. 따라서 우리는 이를 위하여 여호와께서 무언가를 행하실 것을 알고, 그분이 이스라엘을 찾아오심으로써 행하실 것을 기대할 수 있다. 우리는 그분이 이스라엘과 함께하심으로써 우리의 실망을 역전시킬 것을 기대한다. 그리고 우리는 그분이 이것을 이전에 행하지 않은 방식으로 이루실 것이라고 짐작할 수 있다.

고난당하는 구세주

마지막으로, 구약은 여호와께서 이스라엘과 함께하시려고 찾아오실 뿐 아니라. 그의 백성을 위해서, 그리고 그의 백성과 함께 고생하실 것을 보여 준다. 광야에서 이스라엘이 여호와를 대적했을 때, 그는 근심하셨다(시 78:40-41). 이스라엘이 그분에게서 돌아서서 다른 신들에게 갔을 때, 그분은 상처 받은 연인의 진노로 대응하셨다. 예레미야서의 몇 구절에 보면, 그 선지자의 애통은 여호와 자신의 애통을 그림자로 보여 준다.

이스라엘을 위하시는 하나님과 이스라엘과 함께하시는 하나님은 자기 백성이 계속하여 죄에 빠지고 자신에게 반역할 때 무관심하게 바라만 보시지 않으셨다. 그분은 그의 백성들의 반역과 실패에 미동도 하지 않는 스토아 철학에서 말하는 초월적인 하나님이 아니다. 대신, 구약은 동정심을 가지고 자기 백성의 삶에 간여하시는 하나님, 자기 백성의 죄에 대해서 애통해하시고 슬퍼하시며 진노하시는 하나님, 그의 신부가 돌아올 때는 기쁨의 탄성으로 기뻐하시는 하나님을 계시한다. 시 78:40을 들어 보자: "그들이 얼마나 광야에서 주를 반역하고, 사막에서 그분을 슬프게 하였던가." 41절은 그들이 '거듭거듭' 하나님을 시험하고, 이스라엘의 거룩하신 분을 괴롭게 하였다고 말씀한다. 주님을 거역하는 이스라엘의 많은 행위들과 그들이 애굽에서 행한 여호와의 힘과 행동을 잊어버린 것이 그들의 주님을 슬프게 만들었다. 그분은 그들이 반역할 때 고통당하셨다.

우리가 이런 반역이 기록된 민수기를 읽을 때, 슬퍼하시는 거룩한 분의 음성을 듣는다. 민 14:11은 탄식을 포함한다: "얼마나 오랫동안?"("어느 때까지")이라고 말씀한다. 14:12은 이 애처로운 "얼마나 오랫동안?"은 부분적으로 진노임을 가르쳐 준다: 여호와는 인내를 잃고 계신다. 그리고 "얼마나 오랫동안"이라는 말 안에 위협이 있다. 그러나 이 표현은 시편에서 애가의 전형적 형식으로 사용된다. 시인은 슬퍼하며 "얼마나 오랫동안"이라고 부르짖는데(시 6:3; 13:1-2), 여호와는 불평과 비통의 어조로 말씀하신다. 여호와는 이스라엘의 반역에 대해서 고민하며 말씀하신다(민 14).

> 여호와께서 모세에게 말씀하셨다. 이 백성이 언제까지 나를 멸시하겠느냐? 내가 그들 가운데서 행한 모든 이적에도 불구하고 언제까지 나를 믿지 않겠느냐? (11절). 내가 전염병으로 이들을 쳐서 멸망시키고 너를 이들보다 더 크고 강한 나라로 만들겠다(12절). 언제까지 이 악한 회중이 나를 원망하겠느냐? 이스라엘 자손이 내게 불평하는 소리를 내가 들었다(27절).

여호와는 종종 애가 형식으로 마치 상처 입은 연인으로서, 무시당한 아버지로서, 거절당한 남편과 왕으로서 말씀하신다(사 65:1-2; 렘 2:29-32; 3:19-20; 18:13-15).

> 사 65:1: 나는 요구하지 않던 자에게 나타났으며, 나를 찾지 않던 자에게 발견되었고, 내 이름을 부르지 않던 민족에게 내가 여기 있다, 내가 여기 있다 하고 말하였다. 2절: 나는 완고한 백성에게 온종일 내 팔을 벌렸으니, 그들은 자신의 생각을 따라 선하지 않은 길로 걷고. 렘3:19: 내가 스스로 말하기를 나는 어떻게 하든지 너를 자녀들 가운데 두어, 수많은 나라들 중에 가장 훌륭한 유업인 아름다운 땅을 네게 주겠다 하였다. 또 말하기를 너희는 나를 내 아버지라 부르며 내게서 떠나지 마라 하였다. 20절: 참으로 이스라엘 백성아, 아내가 남편을 배반하고 떠나는 것처럼 너희가 나를 배반하였다. 여호와의 말이다.

여호와께서 그들이 압제자의 손 아래서 고생할 때, 심지어 그분 자신이 압제자들을 그들에게 보내신 때에도, 자기 백성을 불쌍히 여길 마음이 일어났다(삿 2:18). 열왕기 상하에 보면, 주님은 신실하지 못한 왕들에게도 자비를 보이셨다(왕하 13:1-5; 14:24-27). 여호와께서 이스라엘을 불쌍히 여기시고 슬퍼하시는 것은 그분의 진노와 불일치하는 것이 아니다. 민 14장은 이스라엘이 반역할 때 불쌍히 여기시는 것과 진노하시는 것이 동시에 작용하고 있음을 보여 준다. 애가의 형태 안에 ("언제까지?"), 주님은 이스라엘을 벌하실 것이라고 위협하신다. 그리고 다른 구절들에서도, 애통과 진노가 양립하는 것을 볼 수 있다(렘 9):

7절: 그러므로 만군의 여호와께서 이같이 말씀하신다. 보아라 내가 그들을 녹여서 연단할 것이니, 그 외에 내가 딸 내 백성을 위하여 무엇을 하겠느냐? 8절: 그들의 혀는 죽이는 화살이며, 거짓을 말할 뿐이라. 그 입으로는 자기 친구에게 평화를 말하지만 그의 마음속에는 복병이 숨어 있다. 9절: 이 때문에 내가 그들을 벌하지 않겠느냐? 여호와의 말이다. 나 자신이 이 같은 민족에게 보복하지 않겠느냐? 10절: 내가 산들을 위해 울고 통곡하며 광야의 초원을 위해 슬픈 노래를 부를 것이니, 이는 그것들이 불타서 지나다니는 자가 없고, 가축의 소리가 들리지 아니하며, 공중의 새로부터 짐승에 이르기까지 모두 도망쳐 사라졌기 때문이다. 11절: 내가 예루살렘을 돌무더기 위와 승냥이의 소굴로 만들며, 유다 성읍들을 폐허로 만들어 사는 사람이 없게 하겠다.

주님은 심판하시지만, 10절에 의하면 그분은 울고 통곡하신다. 어떤 주석가들은 10절과 11절의 '내가'를 구분하지만, 11절은 분명히 여호와에 대해 말씀한다. 렘 48:28 이하에 보면, 모압에 대한 인상적인 애통도 등장한다:

28절: 모압의 주민들아, 너희는 성을 떠나 바위틈에서 살아라. 깊은 골짜기 어귀에 둥지를 트는 비둘기같이 되어라. 29절: 우리가 모압의 교만에 대해 들었다. 그는 심히 교만하니, 그의 자만과 교만과 오만과 마음의 거만함이다. 30절: 여호와의 말이다. 내가 그의 무례함을 아니, 그의 자랑도 거짓이며 행위도 거짓이다. 31절: 그러므로 내가 모압 때문에 통곡하며 모압의 모든 사람을 위해 부르짖으며, 길헤레스 사람들 때문에 슬퍼할 것이다. 32절: 십마의 포도나무야, 내가 야셀을 위해 우는 것보다 너를 위해 더 울 것이다. 네 덩굴이 바다를 넘어 야셀의 바다까지 뻗었더니, 파괴자가 네 여름 실과들과 포도 수확물 위에 덮쳤다. 33절: 기쁨과 즐거움이 옥토와 모압 땅에서 사라져 버렸다. 내가 포도주 틀에서 포도주가 그치게 하였으니 환호하며 밟는 자가 없을 것이다. 그 환호는 기쁨의 환호가 되지 못할 것이다.…35절: 여호와의 말이다. 산당에서 제사 드리며 자기 신들에게 분향하는 자를 모압에서 내가 끊을 것이다. 36절: 그러므로 내 마음이 모압을 위해 피리처럼 슬픈 소리를 내며, 또 내 마음이 길헤레스의 사람들을 위해 피리처럼 슬픈 소리를 내니, 이는 그가 모았던 재산이 다 사라졌기 때문이다.

이것이 누구의 말씀인지 말하기 어렵지만, 아마도 그 자체로 중요하다. 31절에서, 여호와는 모압을 위해서 우신다. 그러나 35절에서 주님은 모압을 끊어 버리신다. 마음이 피리처럼 슬픈 소리를 낸다. 그분이 모압을 세우셨고, 넘어뜨리시고, 자신이 그렇게 하셔야만 했다고 슬퍼하신다.

렘 31:20은 자신의 우상 숭배와 죄악으로 인해 이미 벌 받은 북왕국 에브라임에 대해 말씀한다. 그러나 주님은 에브라임을 사모한다고 말씀하시고, 에브라임을 불쌍히 여기리라는 약속과 그들을 돌아오게 하리라고 말씀하신다(렘 31):

18절: 에브라임이 탄식하는 소리를 내가 분명히 들었다. 주께서 저를 징계하시므로, 길들지 않은 송아지 같은 제가 징계를 받았습니다. 주는 여호와 저희 하나님이시니 저를 돌아서게 해 주십시오. 그러면 제가 돌아가겠습니다. 19절: 참으로 제가 돌이킨 후에 회개하고, 깨달은 후 볼기를 쳤습니다. 이는 제가 젊었을 때의 허물을 지니고 있으므로 부끄럽고도 수치스럽기 때문입니다. 20절: 에브라임은 내 사랑하는 아들이며, 기뻐하는 자식이 아니냐? 내가 그를 책망할 때마다 그를 깊이 생각한다. 그러므로 내 마음이 그를 그리워하니 내가 반드시 그를 불쌍히 여길 것이다. 여호와의 말이다.

구약에서, 여호와는 자기 백성의 죄악으로 인해 고통당하신다. 그분은 그들의 죄악을 무관심하게 다루시지 않는다. 만약 그분이 이스라엘과 함께, 이스라엘 때문에 고통을 당하셨다면, 우리는 그분이 기꺼이 이스라엘을 '위해서도' 고통당하실 것이라고 확실하게 기대할 수 있다. 이분이 바로 이스라엘의 고통을 분담하실 수 있는 분으로 우리가 기대할 수 있는 하나님이시다. 이분이 바로 그의 백성을 위하여 죽으실 수 있는 하나님이시다.

결론

이제, 구약의 마지막에서 하나님의 약속이 성취되지 않았다는 것을 인정한다면, 당신은 여호와께서 무엇을 행할 것이라고 기대하는가? 여기에 자기 백성과 동일시하시는 하나님이 계시고, 자기 백성과 그렇게 강하게 동일시하시기에 포로 유배와 그들과 더불어 반대를 겪으시는 분이 계시며, 자기 백성에게 약속하신 모든 것을 성취하리라고 결심하시는 분이 계시며, 그 일이 이루어지기 전에는 멈추지 않으시는 분이 계시다. 당신은 바로 이 하나님이 다음 단계에서 무엇을 하시리라 기대하는가?

성육신은 구약에서 전혀 예상되지 않았다고 자주 말하는 것을 보지만 사실은 그렇지 않다. 구약은 우리로 하여금 성육신이야말로 다음 단계에서 일하시는 이스라엘의 하나님에게 있어서 가장 자연스러운 것이라고 생각하도록 인도한다. 환언하면, 구약은 전기이되 끝나지 않은 전기이다. 구약은 예수님의 이야기를 말하지만, 주요 사건을 우리에게 말하지 않은 채 예수님의 이야기를 말한다. 그러나 구약은 바로 그 주요 사건으로 인도한다.

하나님에게 있어서 세상에서 가장 자연스러운 것은 그들 가운데 한 분이 되심으로써 자기 백성을 가까이로 이끄는 것이다. 이것은 이스라엘과 철저히 동일시하심으로써 이스라엘이 되시고, 그들이 겪은 모든 고난을 겪으시는 그분의 성품에 일치하는 것이다. 이것은 자기 신부를 위해서 성육신하시고, 십자가 지시고 그리고 무덤까지 내려가신 그분에게 전적으로 일치하는 것이다. 바로 이 하나님을 계시함으로써, 구약은 자기 아버지의 명백한 형상이신 예수님을 계시한다.

〔신약의 구약 사용 및 계시사적인 그리스도 중심의 실제 설교〕

마태복음 서론과 결론에 나타난 이스라엘의 역사를 재현하신 예수님과 그분의 복음

마 1:1; 28 :18-20

고신대학교 대학교회 주일 예배
Peter J. Leithart 목사(Ph. D.)

[1]아브라함과 다윗의 자손 예수 그리스도의 세계라. … [18]예수께서 나아와 일러 가라사대 하늘과 땅의 모든 권세를 내게 주셨으니, [19]그러므로 너희는 가서 모든 족속으로 제자를 삼아 아버지와 아들과 성령의 이름으로 세례를 주고, [20]내가 너희에게 분부한 모든 것을 가르쳐 지키게 하라 볼지어다. 내가 세상 끝 날까지 너희와 항상 함께 있으리라 하시니라.

복음서들은 예수님을 계시하고 그분의 지상의 사역에 관해 이야기하지만, 다른 강조점과 청중과 관심을 가지고 다른 방식으로 말한다. 우리는 복음서의 첫 장을 보면 이런 차이를 발견할 수 있다. 마태는 족보로 시작한다. 마태 이외의 다른 복음서 기자들 가운데 오직 누가만 족보를 제공하는데, (마태 외에) 어떤 기자도 족보로 시작하지 않는다. 마가복음에는 예수님의 출생 기록이 없다. 마가는 이사야와 말라기서 인용으로 시작한다. 누가는 데오빌로에게 자신의 의도와 방법을 공적으로 말한 후, 예수님의 출생과 어린 시절에 관해 말하는데 두 장을 할애한다. 요한은 우리가 잘 아는 육신이 되신 영원한 말씀으로 시작한다. 그러나 복음서 간에는 대립이 없다. 그들은 다른 이야기들을 말하지 않는다. 그러나 그들은 예수님에 관한 하나의 이야기를 다른 방식으로 말한다. 따라서 우리가 마태복음을 시리즈로 연구하기 시작하면서 마태가 이야기를 어떻게 전개해 가는가를 파악하는 것이 중요하다. 그의 강조는 무엇인가? 그는 예수님을 어떻게 이해하는가? 우리는 마태복음의 시작과 끝을 살펴봄으로써 마태가 어떻게 예수님의 이야기를 말하는 지 알 수 있다.

1. 시작과 마지막

마태는 그의 복음서를 예수님의 족보로 시작한다. 그는 창세기의 그리스어 번역에 10번 등장하는 구(Βίβλος γενέσεώς, *biblos geneseos*, 히. 톨레도트)로 족보를 소개한다. 이 구는 시작의 책인 창세기 전체의 구조를 결정짓는데 사용된다. 창세기는 반복해서 "이것은 누구누구의 세대이다"라고 말한다. 창세기의 70인역에서 이 많은 표현들은 70인역을 사용한 마태의 방식과 일치한다.

창 2:4에서, 저자는 말한다: "이것은 창조 될 때 하늘과 땅의 대략이라." 창 5:1에서 저자는 말한다: "이것은 아담의 세대들에 관한 책이라." 70인역에서, 이들 창세기 구절들은 마태가 그의 복음서의 시작에서 "이것은 족보의 책이다"라고 말할 때 사용한 표현과 정확히 일치한다. 그러면 우리는 이 시작 말씀을 어떻게 이해해야 하는가? Dale Allison은 마태의 시작 말씀 '*Biblos Geneseos*'는 '창조의 책'으로 번역되어야 한다고 말하는데 – 이것은 마태가 의도한 전체를 파악하는 데 매우 모호한 번역이기는 하지만 – 성경의 첫 번째 책과 새 창조 주제를 암시하며, 족보 혹은 출생 이야기의 서론을 가리킨다. 그는 '창세기'라는 말은 마태 당시에 성경의 첫 번째 책의 제목으로 결정되었다고 주장한다. 그는 마 1:1이 제목이라고 제안한다: '예수 그리스도의 새 창조의 책…' 일반적으로, 마태복음은 우리에게 예수님의 이야기는 역사 안에서 새로운 시작이라고 말한다. 그는 새로운 창세기 즉 태초에 세상을 창조하신 예수님을 통한 새 창조의 이야기를 쓰고 있다.

그는 어떻게 그의 책을 마감하며, 이 마지막 장은 마태복음에 관하여 우리에게 무엇을 말하는가? 한 측면에서 보면, 마태복음서의 마감 구절들은 이 '새 창조' 주제를 결론짓는다. 부활하신 예수님은 그의 제자 모두를 모으시고 이방인에게 복음을 전파하라고 위임하신다. 이 위임의 근거는 예수님이 하늘과 땅의 모든 권세를 아버지로부터 받으셨다는 사실이다. 마태복음의 시작과 끝은 창세기로부터 나온 이 구절을 사용하는데, 마태는 철저히 새 하늘과 새 땅의 도래와 첫 아담이 상실한 권세를 받으실 마지막 아담의 오심을 설명하고 있다.

대위임령 안에 다른 암시가 있는데, 그것이 이 글에서 초점을 맞추고 싶은 요점이다. 대위임령은 페르시아의 고레스 왕이 유대인에게 예루살렘에 돌아가서 성전을 다시 지으라고

말한 칙령의 구조와 메시지와 매우 닮았다는 점이다:

> 바사 왕 고레스 원년에 여호와께서 예레미야의 입으로 하신 말씀을 응하게 하시려고 바사 왕 고레스의 마음을 감동시키시매 저가 온 나라에 공포도 하고 조서도 내려 가로되, 바사 왕 고레스는 말하노니, 하늘의 신 여호와께서 세상 만국으로 내게 주셨고 나를 명하여 유다 예루살렘에 전을 건축하라 하셨나니 너희 중에 무릇 그 백성된 자는 다 올라갈지어다. 너희 하나님 여호와께서 함께하시기를 원하노라 하였더라(대하 36:22-23).

대위임령과 고레스의 칙령 사이의 병행에 주목해 보라. 고레스는 '하늘의 하나님'으로부터 온 자신의 권세에 기초하여 칙령을 포고한다. 하늘로부터의 권세는 '세상 만국'으로 확장된다. 예수님은 더 넓은 권세를 주장하신다. 주님은 하늘의 권세를 주장하신다. 그러나 고레스의 권세는 어떤 사람이 얻을 수 있을 정도로 넓을 뿐이다. 또한 고레스는 백성에게 '올라가서' 여호와의 집인 성전과 예루살렘을 건축하라고 가르친다. 그의 가르침은 '가라'는 것이다. 예수님도 제자들에게 하늘과 땅의 주님의 권세 아래 '가라'라고 말씀하신다. 물론 예수님은 제자들에게 이방인에게로 가라고 말씀하시기에 이방인으로부터 예루살렘으로 돌아오라고 말씀하는 것은 아니다. 주님은 제자들이 이전에 가 본 적 없는 장소로 파송하는 것이며 고향으로 돌아오라고 말씀하는 것은 아니다. 그 여정은 (고레스 칙령과) 매우 다르지만, 이러한 병행도 있다.

따라서 마태복음은 족보로 시작하며, 심지어 '창조'(Genesis, *geneseos*)라는 말을 사용한다. 마태는 이방인에게 가라는 위임령으로 마친다. 마태복음은 창세기를 암시하며 시작하고, 고레스 칙령을 상기시키며 마무리 짓는다. 적어도 성경이 오늘과 같은 순서로 구성되어 있다면 고레스 칙령이 구약 성경의 맨 마지막임을 우리가 인식할 때 이것의 중요성이 완전히 드러난다. 마태는 창 2장을 암시하며 시작하고, 역대하의 마지막 장들을 암시하는 위임령으로 끝맺는다. 마태의 예수님 이야기는 구약의 알파에서 오메가로, A에서 Z로, 창조에서 회복으로 이동한다. 이것이 암시하는 바는 마태는 예수님 이야기를 구약에 기록된 전체 역사의 소우주로 간주한다는 사실이다. 예수님의 이야기는 구약에 기록된 이스라엘의 이야기의 반복이다. 이 제안은 마태가 그의 복음서를 전체로 기록하는 방식에 의해 분명히 드러난다. 이것은 단지 마태복음의 시작과 끝에만 그런 것이 아니라, 중간에도 구약을 요약한다.

2. 중간

많은 주석가들은 마태복음이 다른 복음서와 다른 것은 5개의 큰 설교로 구성되어 있기 때문이라고 본다: 산상 설교(마 5-7), 선교에 관한 가르침(마 10), 천국 비유(마 13), 용서와 권징에 관한 교훈(마 18) 그리고 감람산 강화(마 23-25). 만약 마태가 이스라엘 역사를 재현하신 예수님을 보여 주고, 이 5개의 설교들이 구약의 다른 시기들과 연결된다면 의미가 통한다. 산상 설교는 시내 산의 반복이라는 점에 별 의심이 없다. 우리가 살펴볼 것이지만, 마 1-4장의 이야기는 예수님이 이스라엘의 초기 역사를 재현하시는 것으로 시내 산 광경으로 올라간다. 마 5-7장에, 예수님은 산 위에서 설교하실 때 자기 제자들에게 의를 요구하시고 율법에 관해 교훈하신다. 주님은 산상 설교를 집을 짓는 두 사람의 비유를 통해서 복의 약속과 저주의 위협으로 마무리한다. 그분은 새 모세이시며, 자기 백성에게 계명을 주시는 여호와 자신이시다.

다음 강화는 마 10장인데, 거기서 예수님은 12 제자가 사역을 시작하려고 할 때 교훈을 주신다. 이것은 마치 모세가 12 지파에게 가나안을 정복하기 전에 교훈하는 것을 회상시킨다. 예수님은 제자들로 하여금 자비와 치료와 선포의 정복을 수행하도록 파송한다. 구약의 여호수아처럼 예수님도 정복자의 이름을 가지고 계시는데, 여호와는 그의 땅의 왕이심을 선포하러 오신다.

다음 강화는 마 13장인데, 예수님은 천국 비유를 말씀하신다. 비유는 지혜 문헌의 양식이다. 비유를 이해하려면, 지혜가 필요하다. 수수께끼와 은유와 상징을 풀 수 있어야 한다. 솔로몬은 잠언뿐 아니라 비유도 말했다. 그 해당 히브리어 단어는 이 둘을 모두 의미한다. 그리고 예수님은 자기 왕국의 특성을 설명하시는 현명한 솔로몬이시다. 우리가 다음 강화(마 18)로 넘어가 보면, 예수님과 제자들은 유대인들로부터, 특히 이스라엘의 지도자로부터 박해와 거절을 당한다. 예수님은 물러나셔서 제자들과 함께 공동체로 생활하시면서 제자들을 훈련하는 데 시간을 투자하신다. 이스라엘 나라는 아합처럼 선지자들을 죽인 헤롯 왕을 따르는 사람들과 왕 예수님에게 순종하는 사람으로 나누어진다. 이렇게 나누어진 왕국 기간 동안, 새 엘리사처럼 예수님은 새 엘리야인 세례 요한을 뒤 잇고, 선지자들의 공동체를 형성한다.

마지막으로 마 23-25장은 성전과 예루살렘에 대한 위대한 예언이다. 예수님은 바리새인을 8가지 화로 비난하신 후, '이 세대' 안에 이루어질 유다와 예루살렘 파멸에 대한 예언을 시작한다. 새로운 예레미야처럼 예수님은 성전과 예루살렘을 쳐서 예언하신다. 그렇다면, 시작 부분의 창조 족보와 마지막의 고레스 칙령 사이에서 마태는 이스라엘의 역사의 재현인 예수님의 이야기를 말하고 있다. 그러나 (구약 이스라엘과는 달리) 예수님은 올바르게 행하고 있다. 주님은 언약을 지키신다. 주님은 첫 아담의 죄를 역전시키신 순종하는 아담이다. 주님은 첫 이스라엘의 실패를 원상태로 돌리신 새 이스라엘이다. 그분은 광야로 가셨고 시험을 이기셨다. 치유와 권세의 말씀으로 그 땅을 정복하셨다. 백성과 헤롯의 공격 앞에서도 신실하셨다. 죽음과 부활에서 예수님은 이스라엘의 포로 생활과 귀환을 재현하셨다. 예수님은 죄악의 비참함을 돌이키시기 위해서 이스라엘의 역사 전체를 통하여 사셨던 이스라엘이시다.

3. 이스라엘의 하나님

그러나 이것이 전부가 아니다. 예수님이 이스라엘이시지만, 이스라엘 그 이상이다. 그분은 이스라엘의 하나님이다. 이것을 보기 위해서 마태복음의 시작 구절로 돌아갈 수 있다. 앞에서 살펴본 대로, 창세기의 두 구절은 '하늘과 땅' 그리고 '아담'을 묘사하기 위해서 마태가 여기서 기록하는 정확히 동일한 표현을 사용한다. 공동 집필한 ICC 주석에서 Allison과 W. D. Davies는 또한 어떻게 이 표현이 창 2:4과 5:1에서 사용되었는지 주목한다. 거기서, 이 구는 마 1:1처럼 족보를 소개하지 않는다. 대신 창 5:1의 *Biblos Geneseos*는 후손들의 목록을 소개하고, 창 2:4은(그들의 해석에 의하면) 조상과 족보를 전혀 소개하지 않는다.

하지만 우리는 마태가 사용한 이 구와 창 2:4과 5:1의 구 사이에 직접적인 연결을 의도했다고 가정해 보자. 이것은 무엇을 의미하는가? 첫째로, 창 2:4의 구는 '세대들'의 시리즈를 소개하고 있다고 보여진다. 이것은 창세기 전체에 나오는 비슷한 구들의 용례이다. 예를 들어, 창10:1은 '셈, 함, 야벳의 세대들'을 소개한 후, 그들에게서 태어난 사람과 그들의 사건들의 목록을 다룬다. 창 2:4에서, '하늘과 땅'은 하나님의 역사로 식물, 안개, 동산, 사람 등을 '생산해낸' '부모들'이다. 아담의 어머니는 땅이며, 아버지는 하늘의 하나님이다. 아담은 티끌로부터 창조되었고, 그의 아버지는 하늘로부터 그 안에 숨을 불어넣으셨다.

창 5:1은 분명하게 아담에게서 '태어난' 자들의 목록을 소개한다. 따라서 마태처럼 동일한 구를 사용하는 두 구절(2:4;5:1)에서, 이름이 언급된 사람으로부터 발생한 사건들을 계속 기록한다. 그렇다면 이 두 구절에서, 창세기는 이름이 언급된 사람 이전의 사람들을 언급하지 않고 그의 후손들을 언급한다. 즉 하늘과 땅의 조상들에 관해서가 아니라 그들의 후손에 관한 것이다. 아담의 조상들이 아니라 그의 자손들에 관한 것이다.

만약 마태가 동일한 의미로 그 표현을 사용했다고 한다면,

예수님은 언급된 자들의 후손일 뿐 아니라(실제로 그렇다, 마 1:16), 그 목록의 조상이기도 하다. 이스라엘의 역사는 예수님에 의해 시작되고, 절정도 예수님 안에서 이루어진다. 이것을 마태복음 족보의 교차 대칭 구조가 정확하게 보여 준다: 예수님-다윗-아브라함(1절) 그리고 아브라함을 통하여(2절)-다윗을 통하여(6절)-예수님(16절). 예수님은 이스라엘 역사를 발생시키신 분이며 절정이시다. 그분은 첫 사람이시며 마지막 사람이시고, 첫 이스라엘인이시며 마지막 이스라엘인이시다. 그분은 오메가이실 뿐 아니라 이스라엘 역사의 절정이시다. 그분은 알파이시다. 이것은 예수님이 재현하신 이스라엘의 역사는 또한 여호와께서 이스라엘을 다루시는 하나님의 역사라는 뜻이다. 이것이 예수님이 말씀하신 포도원 비유의 요점이다. 포도원 주인은 포도원을 돌보신다. 그분은 울타리와 망대를 짓고 포도즙 틀을 갖추신다. 그 후 포도원을 종들에게 세 주고, 세입자에게 포도원을 맡긴 후 먼 여행을 떠난다. 그러나 세입자들은 포도원 주인을 잘 대우하지 않았다. 주인이 세를 받기 위해서 종들을 보내자 세입자들은 그들을 때리고 쫓아내 버렸다. 마지막으로, 주인이 아들을 보내자, 아들을 존대하기는커녕 세입자들은 그를 죽여서 포도원을 가로채려고 한다.

이 이야기는 마태의 복음을 요약한 것이다. 예수님은 이스라엘이시지만, 그분은 또한 여호와께서 언약을 따르라고 이스라엘에 파송한 종들과 선지자들이다. 예수님은 모세, 여호수아, 엘리사, 그리고 예레미야이시다. 마태가 우리에게 보여주는 것은 하나님의 이름으로 온 종들은 하나님 자신이 오신 것이라는 사실이다. 그분은 모세 안에 오셨고 거절당하셨다. 하나님은 왕들과 선지자들을 통하여 오셨지만 이스라엘은 하나님을 청종하기를 거부했다. 하나님은 솔로몬과 엘리사와 예레미야를 통하여 오셨지만 이스라엘은 여호와의 종들을 배척했다. 이제 여호와는 육신으로 오셨다. 즉 아들로 오셨다. 하지만 이스라엘은 계속해서 그를 배척한다.

매번 하나님이 오시지만 배척당하신다. 그분은 율법을 주시지만, 이스라엘은 모세가 그들의 왕과 재판관이 되는 것을 원치 않는다. 그분이 땅을 정복하셨으나, 이스라엘은 여호와를 그 땅의 왕으로 대우하지 않는다. 그분이 그들의 왕이시지만, 이스라엘은 거부하고 사울을 왕 삼는다. 그분은 다윗 왕조를 주셨지만, 10 지파는 다윗으로부터 등을 돌린다. 그분은 예레미야와 같은 선지자들을 보내셨지만, 그들은 때리고 구덩이에 던지고 죽인다. 그러나 이스라엘의 하나님은 거기서 멈추지 않는다. 수없이 그의 종들이 거부당하자, 그 자신이 수없이 거절당한 후, 그분은 여전히 찾아오시는데, 오시는 것을 포기하지 않으신다. 마태가 이야기하듯이, 이스라엘의 역사는 거절당한 남편과 경멸에 찬 아내의 역사이다. 그러나 거절당한 남편이 그의 신부를 포기하기를 거부하는 이야기이다. 그의 신부는 그를 거절하고 다른 남편을 찾지만, 그는 신부에게 돌아오라고 간청한다. 그분은 사정없이 '추적하는 데 열중하시는 하나님'(The Hound of Heaven)이다.[1]

---

1) '천국의 사냥개'(The Hound of Heaven)이라는 시는 카톨릭 신자인 Francis Thompsondml 작품이다. 이 시가 칼빈주의자들에 의해 자주 인용되는 것은 하나님을 추구하는 것을 단념하려는 인간에게 하나님은 은혜롭게 추적하여 결국 그 사람으로 하여금 하나님께 붙잡

이것이 이 드라마의 마지막 장 즉 예수님의 부활의 메시지이다. 여호와는 육체로 오셨다. 이스라엘의 아버지는 이스라엘의 아들로 오셨다. 그러나 그분은 다시 배척당하신다. 그러나 부활은 그분은 배척이라는 말이 마지막 단어가 되지 않도록 하심을 보여 준다. 그분은 이스라엘이 배척한 채 있지 못하도록 하실 것이다. 그분은 이스라엘이 그를 죽였다고 생각한 이후에라도 다시 돌아오실 것이다. 그분의 사랑은 이스라엘로 하여금 쉬지 못하도록 하신다. 자신의 사랑으로, 그분은 이스라엘이 자신을 영원히 거절하지 못하도록 하실 것이다. 이것이 위대한 복음, 하나님의 복음, 하나님 자신을 그대로 보여주는 복음이다. 마태의 복음은 하나님이 사랑이심을 보여준다. 그 이상으로, 마태의 복음은 하나님은 철두철미한 사랑이심을 드러낸다.

힌 바 된 은혜를 깨닫도록 하기 때문이다(보라. 리차드 마우. 2008. 칼빈주의, 라스베가스 공항을 가다. SFC. p. 52-53).

〔신약의 구약 사용 및 계시사적인 그리스도 중심의 설교 실제〕

하나님과 씨름하기

창 32 : 23-32

고신대학교 대학교회 주일예배
Peter J. Leithart 목사(Ph. D.)

23그들을 인도하여 시내를 건네며 그 소유도 건네고, 24야곱은 홀로 남았더니 어떤 사람이 날이 새도록 야곱과 씨름하다가, 25그 사람이 자기가 야곱을 이기지 못함을 보고 야곱의 환도뼈를 치매 야곱의 환도뼈가 그 사람과 씨름할 때에 위골되었더라. 26그 사람이 가로되 날이 새려하니 나로 가게 하라 야곱이 가로되 당신이 내게 축복하지 아니하면 가게 하지 아니하겠나이다. 27그 사람이 그에게 이르되 네 이름이 무엇이냐 그가 가로되 야곱이니이다. 28그 사람이 가로되 네 이름을 다시는 야곱이라 부를 것이 아니요 이스라엘이라 부를 것이니 이는 네가 하나님과 사람으로 더불어 겨루어 이기었음이니라. 29야곱이 청하여 가로되 당신의 이름을 고하소서. 그 사람이 가로되 어찌 내 이름을 묻느냐 하고 거기서 야곱에게 축복한지라. 30그러므로 야곱이 그 곳 이름을 브니엘이라 하였으니 그가 이르기를 내가 하나님과 대면하여 보았으나 내 생명이 보전되었다 함이더라. 31그가 브니엘을 지날 때에 해가 돋았고 그 환도뼈로 인하여 절었더라. 32그 사람이 야곱의 환도뼈 큰 힘줄을 친고로 이스라엘 사람들이 지금까지 환도뼈 큰 힘줄을 먹지 아니하더라.

본문은 우리가 씨름이라는 관점에서 그리스도인의 전체 삶을 보도록 가르친다. 하지만 우리는 이 씨름 장면에서 부담감을 느낄 수 있다. 씨름은 우리 삶의 가장 깊은 실재를 가리킨다. 주 하나님 자신이 씨름꾼이시며 자신의 백성도 씨름꾼이 되기를 원하신다는 사실은 분위기를 진지하게 만든다.

몇몇 주석가들은 이 사건을 야곱이 속임과 죄악의 삶에서 회심하는 것으로 보면서 하나님이 마지막으로 고집 센 아들 야곱을 길들이는 것으로 본다. 이 해석에 의하면, 씨름은 하나님이 야곱을 복종시키시는 노력을 상징한다. 그러나 이 해석은 두 가지 이유로 정당하지 않다.

첫째, 성경은 야곱을 반역적인 인물로 설명하지 않는다. 야곱 인생의 이야기 전체에서, 언약과 장자권을 적법하게 상속할 사람으로 볼 수 있다. 야곱과 에서가 태어나기 전에 이미 약속을 상속할 자로 임명 받았다(참고. 롬 9:10-13). 성경은 야곱 자신이 적법하게 상속할 것을 얻으려고 노력한 것을 비난하지 않고, 오히려 장자권을 업신여긴 에서를 비난한다(창 25:34; 참고. 히 12:16). 이 말은 야곱이 가끔 저질렀던 실수를 무시하는 것이 아니다. 하지만 창세기와 야곱의 인생을 묘사하는 성경 전체의 강조점은 야곱이 '완전한 자'라는 사실이다(창 25:27; 한글 개역 성경에는 '종용한 자'이지만, 히브리어 원문에는 '완전한 자'임).

둘째, 씨름을 야곱의 회심으로 보는 해석은 근접 문맥에 적합하지 않다. 만약 하나님이 야곱을 복종시키려고 하셨다면, 본문에 의하면 하나님이 실패하셨다. 25절은 "자신이 (하나님) 야곱을 이길 수 없는 것을 보고"라고 분명히 말씀한다. 만약 하나님이 야곱을 꼼짝 못하도록 하기 위해서 경기장 안으로 들어오셨다면, 본문에 의하면 그분은 단지 실패했을 뿐이다. 주님이 아니라 야곱이 이 경기에서 승리자로 나타난다(28절). 하나님이 패배한다는 것은 불가능한 일이기에, 이처럼 하나님이 실패했다는 해석은 거부되어야 한다. 창 32장의 다음 장면에서, 야곱에게 있어서 하나님과 씨름한 것이 무엇을 의미하는가를 결정하는 문맥을 살펴볼 것이다. 하나님은 왜 신실한 사람과 씨름하시는가?

1. 야곱의 씨름하는 인생

매우 이상하게 보이는 본문의 의미와 목적을 이해하기 위해서 근접 문맥과 야곱 인생 전체에서 바라보아야 한다. 일단 우리가 야곱의 생애를 돌아보기 시작한다면, 그의 인생 전체가 씨름하는 것임을 알 수 있다. 어머니의 뱃속에서조차 그는 형 에서와 싸웠다(창 25 : 22). 야곱은 자신의 악한 형으로부터 장자권을 쟁취하려고 미끼를 사용했다(25 : 27-34). 항상 악한 에서를 사랑했던 아버지 이삭으로부터 복을 받으려고 야곱은 부모를 속였다(27 :1-29 ; 참고. 25 : 28). 에서의 낯을 피해 도망 간 후, 야곱은 외삼촌 라반의 집에서 일했는데, 그는 라헬 대신에 레아를 야곱에게 주었고, 삯을 10 번이나 변개했다(31 : 41). 그의 인생 전체를 통해서, 야곱은 악한 사람들과 씨름했고, 약속된 상속을 얻으려고 노력했다.

이 본문의 문맥을 보면 이 씨름이야말로 야곱 인생의 절정임을 알 수 있다. 야곱은 그의 인생의 두 개의 큰 대적에 끼여 있다. 그의 뒤에는 야곱이 하란을 떠나도록 약속을 했음에도 불구하고 추격하는 라반이 있는데 그는 야곱과 맺은 엄숙한 맹세를 결코 깨면 안 되었다(31: 44-55). 그의 앞에는 400명을 거느리고 인사하러 오는 에서가 있었다(32 : 6). 바로의 군대와 홍해 사이에 끼였던 이스라엘 백성처럼, 야곱은 얍복강 앞에 앞뒤의 대적 사이에 위험하게 끼여 있다. 이 장면의 절정적인 성격은 하나님이 등장하심으로도 설명된다. 이전에 에서를 피해 도망갈 때 벧엘에서 하나님이 나타나셨던 것처럼(28 :10-22), 야곱이 형과 재회하려고 준비하는 동안 얍복에서도 하나님이 나타나신다. 하나님의 이 두 번의 등장은 라반의 집에서 야곱이 체류한 것을 감싸는 북앤드(bookend ; 책을 양 옆에서 넘어지지 않도록 받쳐 주는 것)와 같다.

이 장면은 야곱의 인생의 절정 부분을 묘사하기에, 본문이 제공하는 관점에서 그의 이전 활동 전체를 해석하는 것은 우리에게 적절하다. 즉 이 본문은 우리에게 야곱이 하나님과 더불어 계속해서 씨름해 왔음을 가르친다.

문맥 또한 우리에게 야곱이 어떤 신비로운 사람으로부터 밤에 처음으로 공격을 받았을 때 무엇을 생각했는가를 가르쳐 준다. 분명히 야곱은 라반이나 에서가 자신을 죽이려고 공격한 것으로 생각했을 것이다. 아마 야곱은 라반이 도둑맞은 자기 드라빔을 드디어 찾아내었다고 생각했을 것이다. 아마도 야곱은 에서가 그 드라빔을 빼앗으려고 일대일로 맞섰다고 생각했을 것이다. 그러나 날이 밝아 오자, 야곱은 다름 아니라 하나님과 씨름하고 있음을 알게 되었고, 야곱이 에서와 라반과 겨루는 것에 새로운 빛이 비춰졌다. 이제 야곱은 자신이 내내 하나님과 씨름해 왔음이 분명해 진다. 에서와 라반이 야곱을 대적하도록 하신 분은 다름 아니라 하나님이시다. 야곱을 고난의 상황에 둠으로써 시험하고 훈련하고 완전하게 하신 분은 하나님이시다. 야곱이 함께 일해야 했던 분은 바로 하나님이시다.

이미 말한 대로, 만일 야곱이 '완전한' 사람이며 하나님의 언약에 신실하고 주님으로부터 복을 받기를 노력했다면, 하나님은 왜 에서와 라반을 야곱에게 대항하도록 보내셨는가? 그 이유는, 하나님은 야곱이 '하나님과 사람'과 겨룰 때 더욱 능숙한 씨름꾼이 되도록 다듬어 가신 것이며, 비록 완전하셨지만 "당하신 고난을 통하여 완전하셨던" 예수님처럼 완전한 자로 만드시고 계신 것이다(히 2:10). 그리스도 안에 있는 우리도 완전해지기 위해서 고난을 받아야 한다(참고. 히 12). 성숙해지고 완전해지기 위해서 능숙한 씨름꾼이 되어야 하고, 능숙한 씨름꾼이 되려면 씨름을 연습해야 한다. 야곱처럼 우리는 계속 하나님과 씨름하여 하나님이 우리를 더 강하게 만드시도록 해야 한다.

이 하나님과의 씨름은 주님과의 황홀경이나 신비로운 대면 가운데 발생한 것이 아니다. 대신, 야곱이 했던 것처럼, 우리도 매일의 일상 가운데 하나님과 씨름해야 한다. 당신은 불의한 고용주에게 억압을 받는 직장인일 수 있고, 지나치게 비판적인 배우자로부터 잔소리를 듣는 남편이나 아내일 수 있고, 반항적인 자녀를 교훈하려는 부모일 수 있고, 혹은 잘못된 길을 가는 성도를 권면하고 꾸짖는 목회자일 수 있다. 이런 형편은 긴장과 싸움의 근원이다. 그러나 이 모든 것은 하나님이 보내신 것이고, 그의 성도를 완전하게 하시는 도구이다. 당신의 라반은 누구인가? 당신의 에서는 누구인가? 그것이 사람이건 사물이건 하나님이 보내신 것을 알기 바란다. 당신의 라반과 에서와 더불어 씨름할 때, 당신은 하나님과 씨름하고 있음을 기억하라. 하나님이 심판자이심을 알고 의롭게 씨름하라. 약해지지 말고 하나님이 구원자이시고 복이심을 믿고 인내하면서 씨름하라. 하나님이 모든 좋은 것과 완전한 선물을 주시는 분임을 믿고 감사함으로 씨름하라. 하나님은 더 큰 대적과 씨름하여 더 큰 승리를 주시도록 우리를 훈련하신다.

2. 상처 입은 씨름꾼

이렇게 본다면, 우리는 이 본문의 다른 어려운 요소들을 더 잘 이해하게 될 것이다. 첫째, 야곱이 받은 '상처'로부터 우리는 무엇을 배울 수 있는가? 하나님을 대면한 후 야곱은 지속적인 고통을 가지게 되었다. 창세기의 저자 모세는 이것을 매우 간단하게 말한다: "그가 브니엘을 지날 때에 해가 돋았고, 엉덩이 뼈 때문에 절뚝거렸다"(31절). 이스라엘의 아들들인 우리도 우리 인생에서 하나님과 씨름할 때 육체적, 심리적, 영적인 상처를 입을 수 있음을 이미 경고 받아야 한다. 우리가 하나님을 대면할 때, 우리는 아무 상처 없이 버려지지 않는다. 모든 훈련과 연습이 고통스럽기에 우리의 씨름의 결과도 고통스럽다. 우리가 하나님의 얼굴을 뵙고 살지만, 우리는 결코 하나님의 영광의 얼굴을 본 체 그대로 남아 있을 수 없다. 성도에게조차, 하나님을 얼굴과 얼굴을 맞대어 보는 것은 놀라운 일이다. 하나님의 나라는 상처 입은 씨름꾼인 절뚝거리는 그리스도인으로 가득하다.

그러나 우리는 우리의 상처 속에 우리 혼자 남아 있지 않기에 용기를 낼 수 있다. 약속된 씨요 참 이스라엘이시며 하나님의 아들이신 예수님 자신도 야곱처럼 발뒤꿈치에 상처를 가지고 계신다(창 3:15). 부활의 날 해가 떠오를 때 예수님은 절면서 걸으셨다. 부활 이후에도 예수님은 십자가에 못 박힌 자국을 몸에 가지고 계셨다. 주님의 고통은 승리에 의해서 취소되지 않는다. 그러나 주님은 우리의 죄악 때문에 상처를 입으신다. 우리의 죄로 인해 주님이 상하셨고, 주님이 채찍에 맞으셨기에 우리는 나음을 입었다. 우리가 상처를 입었으나, 그리스도 안에서 입었고, 우리의 고통은 주님의 고통에 동참하는 것이며, 그 상처는 매우 중요하다.

하나님은 왜 우리가 상처 입기를 원하시는가를 물어보는 것이 중요하다. 우리가 상처를 받을 것이라고 기대하는 것을 배우지 않는다면 우리의 상처를 다룰 수 없다. 상처를 입는 것은 십자가에 달리신 그리스도의 교회의 정상적인 한 부분이다. 그러나 우리는 합당한 이유를 제공해야 한다. 하나님은 의로우신데, 우리는 하나님께서 우리를 상처 입게 하시는 것의 정당성을 변호해야 한다. 왜 야곱을 절도록 하신 하나님은 우리도 절도록 하시는가? 첫째, 하나님이 필요하다고 생각하시기에 그렇게 하신다. 온전한 몸 전체가 지옥에 던져지는 것보다 장애를 입고 영생에 들어가는 것이 더 낫다. 죄는 무서운 지배자인데, 죄의 주재권은 극단적인 정도에 의해서만 파괴된다. 둘째, 하나님이 우리에게 상처를 입히시는 것은 우리를 겸손하게 하시고, 질그릇 같은 우리 몸 안에 그분의 영광의 보화를 지니도록 하셔서 하나님의 능력이 높임을 받도록 하시기 위해서이다(고후 4:7 이하). 주님의 영광을 보이시려고 우리에게 상처를 입히신다. 어리석은 자를 통해서 이 세상의 지혜로운 자를 부끄럽게 하시기 위해서, 약한 자로 강한 자를 물리치시기 위해서이다. 이것을 생각해 보라. 악한 자의 연합 세력을 절면서 상처 입은 군대를 사용하여 물리치시는 하나님의 위대함을 믿자.

창 32장은 분명히 야곱의 상처는 승리의 표시이지 패배의 표시가 아니라고 가르친다. 주님이 야곱에게 상처를 입히신 것은 주님이 야곱을 이길 수 없음을 아셨기 때문이다(25절). 야곱은 자신의 상처로 인해 패배당하지 않았다. 오히려 그의 상처는 하나님과 더불어 승리한 표시이다. 예수 그리스도는 십자가에서 패배하지 않으셨다. 반대로 십자가로 통치자와 권세자들을 무장 해제시키셨고, 그 대적들의 약함을 공적으로 드러내셨다(골 2:15). 십자가로 예수님은 하나님의 약함이 사람보다 강하심을 보이셨다.

전체 이야기의 핵심은 하나님이 야곱의 이름을 바꾸신 것이다. 성경의 첫 장들에서부터 알 수 있듯이, 어떤 사람에게 하나님이 이름을 주시는 것은 그의 정체성을 새롭게 드러내고 복을 주시는 것이다. 따라서 이름이 다시 지어짐으로써 야곱은 새로운 이름뿐 아니라 새로운 정체성과 복을 하나님에게 받았다. 얍복에서 브니엘로 지명이 바뀐 것도 흥미롭다. 히브리어로 씨름(예아복)은 얍복과 비슷한 발음이 난다. 얍복은 그 이름 자체와 야곱이 하나님을 대면한 것과 연관해 볼 때 씨름의 장소이다. 그러나 씨름의 장소가 하나님의 얼굴의 장소인 브니엘로 바뀐 것에 주목해 보라. 마찬가지로 우리가 일상 가운데 하나님과 씨름하는 동안 하나님은 우리 가까이 찾아오신다. 시험 가운데서 우리가 인내하고 순종하면 하나님에게 더 가까이 가다가서 그분을 만나 얼굴과 얼굴을 맞대어 볼 것이다. 모든 얍복은 잠정적인 브니엘임을 믿자.

결론적으로, 이 본문은 우리에게 두 가지 기도 제목을 준다. 우리는 주님이 참 이스라엘의 참 아들들로, 하나님과 사람들과 더불어 잘 싸우는 씨름꾼이 되게 만드시도록 기도하자. 그리고 우리의 모든 삶에서 압복이 하나님의 은혜로 브니엘이 되도록 기도하자. 아멘.

본문과 설교(창간호)
(The Text and Sermon)

2008년 12월 01일 초 판 1쇄 인쇄
2008년 12월 08일 초 판 1쇄 발행

엮은이 : 정 연 해
엮은곳 : 한국동남성경연구원
펴낸곳 : 개혁주의신행협회

출판등록 : 1990. 3. 28. 제 14- 95
주소 : 서울 용산구 동자동 35 -14
영업부 : 122-834 서울 은평구 녹번동 157-35

진화 : 050 1752
팩스 : 353-1754
ISBN 978-89-86184-86-0 93230
은행계좌 : 국민 098-25-0007-995(개혁주의)